KB266522

상처받지
않는
상속

상처받지 않는 상속

채애리 지음 | 김윤지 그림

체인지업
CHANGEUP

사람들은 누구에게 가장 상처를 받을까?
스쳐지나가는 사람? 직장 동료?

매일 서너 명의 상담자와 의뢰인을 만난다.

그들은 자신의 형제,
부모와 소송까지 한다는 사실에
스스로 상처를 내고는 한다.

형제간에 재산 다툼을 한다는 사실만으로,
그들은 자신이 악한 자로 비칠까 두려워한다.

가족 안에서 은근히 받은 차별로 인해
누구보다 깊이 마음에 상처를 입은
영혼들이었음에도 말이다.

가족의 말은 가시가 되어 박혀
시간이 지나도 쉽게 지워지지 않는다.

가족 안에서 은밀하게 이루어진
따돌림과 차별은
그들이 어른이 되어서도
마음을 움츠러들게 한다.

상속 갈등은 단순한 재산 다툼으로만
설명되지 않는다. 그 안에는 가족의
말과 행동에 상처 입은 이들의 억눌린
외침이 있고, 늘 내어주기만 했던 이들,
내어줄 수밖에 없었던 이들의 반발이 있다.

그들의 일을 내 가족의 일처럼 지켜봐 온
상속전문변호사로서,

가족에게 상처받은 이들에게 말해주고 싶다.

당신의 탓이 아니라고.
당신은 나쁜 사람이 아니라고.

"당신은 나쁜 사람이 아니에요"

상담을 시작하면 가장 먼저 고인의 나이를 묻는다. 처음 상속전문 변호사를 시작할 때만 해도 고인의 나이가 30년대생이었다면, 요즘은 40년대, 50년대 어느 때는 60년대생을 보기도 한다.

그렇게 돌아가시는 분들의 나이가 점차 내 부모님의 나이와 가까워짐을 느낄 때, 문득 무섭다. 언젠가는 나도 앞에 앉은 그들의 아픔을 직접 겪게 될지도 모른다는 두려움 때문이다. 그러면서도 난 또 며칠 전 엄마의 전화를 바쁘다는 핑계로 툭 끊어버렸다.

상속전문변호사는 늘 죽음과 가까이 있다. 우리는 첫사랑의 아픔, 사랑하던 연인과의 헤어짐만으로도 정말 아프고 힘들어한다. 이제는 보고 싶어도 볼 수 없기 때문에 더 아팠던 게 아닐까 생각한다. 하물며 나의 첫 가족이자 평생 의지가 되어준 부모님, 그리고 나의 형제가 이 세상 사람이 아니라면? 보기 어려운 것이 아닌 이제는 영영 볼 수 없다

면? 그 슬픔은 아픔이란 한 단어로 표현할 수 없을 것이다.

그렇게 우리는 가족을 잃으면 아프고 슬프다. 내 삶이 더 중요하다며 언젠가는 잃을 것을 알면서도 모르는 척하고 외면하던 부모님과의 관계를 떠올릴 때가 온다면, 그 마음은 더욱 쓰라릴 것이다.

하지만 그렇게 아픈 상황에서 상속재산을 분할해야 한다는 명목하에 남은 가족들은 서로에게 생채기가 나는 말을 하곤 한다. 어쩌면 긱자의 불효를 감춘 채 가족을 잃은 슬픔을 잊기 위해 형제자매에게 원망을 쏟아내고 날을 세우는 것은 아닐까? 그렇게 상처 난 그들이 내게 찾아와 이렇게 말하곤 한다.

"내가 잘못 산 것이 아닐까요?"

"부끄러워서 누구한테 이야기도 못 하겠어요."

"저 정말 거짓말하는 사람 아니에요."

"저 나쁜 사람 아니에요."

그 어떤 자식이 온전히 만족할 만한 부양을 했다고 자신할 수 있을까? 그 어떤 자식이 부모님과 의절을 하고 싶었을까? 살다 보니, 누구에게도 말할 수 없는 사연들에 이끌려 우리는 각자 불효자가 되어서 사는 것이다. 그래서 상속전문변호사는 내 가족의 일을 낱낱이 알고 있는 유일한 사람일 수 있다. 그래서 나는 가족에게 상처받은 그들에게 말해 주고 싶다.

당신의 탓이 아니라고. 당신은 나쁜 사람이 아니라고.

흔히 상속으로 가족과 다툰다고 하면, 돈 때문에 다투는 것으로 많이들 생각한다. 하지만 그 다툼의 원인에는 '돈'보다는 '과거부터 이어온 가족관계의 상처'에서 비롯된 경우가 훨씬 많다. 그래서 이 책에서는 어려운 법 조항을 먼저 내세우기보다 상속인들의 아픔과 슬픔에 공감

하며 상속에 대한 기본 지식을 자연스럽게 알아가는 데 초점을 맞췄다. 그래서 최대한 법률 용어는 줄이고 일상생활에서 사용하는 말로 풀어서 멀지만 가깝고, 가깝지만 멀고 싶은 상속과 관련된 이야기를 중심으로 다루었다.

무엇보디 상속의 전반적인 절차를 이해함으로써 상속인들 간 다툼이 이미 발생했거나 앞으로 발생할 가능성이 있더라도, 되도록 소송이 아닌 협의로 해결되기를 바라며, 기족을 잃은 슬픔 속에서 형제자매마저 잃는 일은 없었으면 하는 간절한 마음으로 이 책을 펴낸다.

상속이란 '분노, 아픔'이 아닌
'그리움'으로만 남길 바라며

채애리 변호사

CHAPTER 1

상속은
어떻게
진행되나요?

제게 다른 형제가 있다고요?

우리 집은 화목했다.
아빠와 엄마는 금슬 좋은 부부였고
언니와 나는 사이좋은, 친구 같은 자매였다.

엄마는 왜 이 사실을 우리에게 숨긴 걸까?

처음에는
엄마를 원망했고,

아빠가 불쌍했다.

그렇지만 이제 나도 한 아이의 엄마라 그런지,
한편으로는 엄마가 안타까웠다.

우리 엄마, 그 아이가 얼마나 보고 싶었을까?

변호사님,
우리 엄마가 불쌍해요….

그런데 아무리 그래도
엄마는 왜 우리한테까지
비밀로 했을까요?

아빠한테는 말해야 할까요?

그 당시 어머니의 나이는 스무 살.
겨우 어른이 된 그 나이에는
감당하지 못할 큰 아픔이었을 거다.
그런 아픔 후에 만든 소중한 가족을
잃고 싶지 않으셨던 것 같다.

갑자기 나타난 상속인

"우리 집 정말 이상하죠? 변호사님."

상속전문변호사로서 상속 상담을 할 때 가장 많이 듣는 말이다. 최근 이혼이 늘어나면서 재혼 가정도 많이 늘었고, 그 과정에서 어머니나 아버지에게 자신이 몰랐던 자녀가 있는 경우도 많다. 아버지가 혼인 중 낳은 혼외자를 몰래 호적에 올린 사연부터 이전에 혼인한 사실을 숨기고 혼인한 어머니의 첫 번째 혼인에서 낳은 자녀들이 등장하는 사연까지 다양하다.

그들은 부모님이 돌아가실 때까지 부모님에게 자신들 말고 다른 자녀가 있는지 몰랐다가 남아있는 상속재산 중 부동산 등기를 이전하는 과정에서 알게 되는 경우가 많다.

상속부동산을 분할하려면 피상속인의 가족관계증명서, 제적등본 등이 필수 서류로 필요하다. 이때 어머니의 구 제적등본에서 첫 번째 혼인으로 낳은 언니가 있다거나 아버지가 혼인 중 낳은 자녀를 몰래 아버지와 어머니 호적에 올린 사실을 알게 되는 것이다.

언젠가 한 번은 어머니가 돌아가신 후 어머니의 첫 번째 혼인에서 낳은 자녀들을 찾아달라고 온 딸이 있었다.

"아빠는 엄마가 애까지 있었던 것은 몰랐더라고요. 엄마 돌아가시고 너무 슬퍼하시는데, 어떻게 말을 꺼내야 할지 모르겠어요."

그녀는 아버지에게 불편한 진실을 말해야 할지 말지 매우 고민하는 듯 보였다. 그러면서 이렇게 덧붙인다.

"그런데 아빠도 아빠지만, 엄마가 너무 불쌍해요. 제가 아이를 낳아보니까, 어떤 마음으로 사셨을까 싶더라고요.”

그렇게 그녀는 아버지 몰래 어머니의 첫 번째 혼인에서 낳은 자녀들을 찾기 위하여 사건을 의뢰했고, 난 아버지 몰래 자녀들을 찾아드렸다. 그리고 그녀는 아버지에게 끝까지 말하지 않았다. 어머니를 깊이 그리워하는 아버지의 마음에 상처를 줄 수 없었다고 한다.

“내가 아는 엄마는 마음이 다 뭉개졌을 거예요. 그래도 말하지 않았다면, 그럴 만한 이유가 있었을 거로 생각해요.”

그녀는 결국 어머니의 비밀을 지켜주었다.

몰랐던 형제와 자매가 있다면서 얼굴을 붉히는 상담자들에게 나는 보통 이렇게 답한다.

“선생님 같은 상황인 분들이 무척 많아요. 어제도 비슷하신 분이 왔다 가셨어요.”, “지난번 상담에서는 아버지가 재혼도 하시고, 혼외자도 있으셨어요. 별일 아니랍니다.”

세상에는 수많은 가족의 형태가 있고, 각자의 사정이 있다. 일반적으로 생각하는 보통의 가족 형태가 아니라는 사실만으로, 이상한 가족이 되거나 숨겨야 할 가족이 될 필요는 없다. 그러니 우리 가족의 형태가 어떻든 큰일은 아니다. 다만 이제 상속이 개시되었고, 이에 대한 문제를 하나씩 해결하면 된다.

지금부터 부모님이 돌아가셨을 때, 상속의 첫 시작이라고 할 수 있는 ‘누가 상속인이 되는지’에 대해서 알아보자.

상속법을 이해하기 위해서는 기본 용어부터 알아야 한다.

피상속인은 돌아가신 분을 뜻한다. 우리는 대부분 망인, 고인이라고 표현하곤 하는데, 상속법에서는 '상속을 입힌 사람'이라고 하여 피상속인이라고 부른다.

상속인은 피상속인의 재산이나 신분 등을 물려받는 사람을 말한다. 그래서 상속인은 피상속인의 재산도 빚도 모두 받게 되기 때문에 누가 상속인인지는 중요한 문제다.

민법 제1000조와 민법 제1003조에는 피상속인을 기준으로 상속인의 지위가 정해져 있다.

【민법】

제1000조 (상속의 순위)

① 상속에 있어서는 다음 순위로 상속인이 된다.

  1. 피상속인의 직계비속

  2. 피상속인의 직계존속

  3. 피상속인의 형제자매

  4. 피상속인의 4촌 이내의 방계혈족

② 전항의 경우에 동순위의 상속인이 수인인 때에는 최근친을 선순위로 하고 동친 등의 상속인이 수인인 때에는 공동상속인이 된다.

③ 태아는 상속순위에 관하여는 이미 출생한 것으로 본다.

제1003조 (배우자의 상속순위)

① 피상속인의 배우자는 제1000조 제1항 제1호와 제2호의 규정에 의한 상속인이

있는 경우에는 그 상속인과 동순위로 공동상속인이 되고 그 상속인이 없는 때
에는 단독상속인이 된다. 〈개정 1990년 1월 13일〉
② 제1001조의 경우에 상속 개시 전에 사망 또는 결격된 자의 배우자는 동조의 규
정에 의한 상속인과 동순위로 공동상속인이 되고, 그 상속인이 없는 때에는 단
독상속인이 된다.

위 규정을 보면 상속인은 1순위 직계비속(자녀, 손자녀 등), 2순위 직계존속(부모, 조부모 등), 3순위 형제자매, 4순위 4촌 이내 방계혈족 순으로 되어 있다. 이때 배우자는 1순위와 2순위 동순위 상속인으로 규정되어 있다. 피상속인이 자녀와 배우자가 있는 상황에서 사망하면, 자녀와 배우자가 선순위 상속인이 된다.

그런데 만약 피상속인이 자녀 없이 배우자만 있는 상황에서 사망하면, 피상속인의 부모님과 배우자가 선순위 상속인이 된다. 만약 이때 피상속인의 부모님까지 돌아가셨다면, 배우자만 상속인이 되는 것이다.

직계비속? 직계존속?

'직계비속', '직계존속'이라는 표현이 어렵게 느껴진다. 그래서 난 농담 삼아 직계비속은 비속어를 쓸 수 있는 사람 즉, '야, 너' 할 수 있는 자녀들을 말하는 것이고, 직계존속은 존댓말 써야 하는 사람 즉, '예, 아니요' 해야 하는 부모님을 말하는 것이라고 설명하곤 한다.

아버지를 아버지라고 부르지 못하고

아버지가 돌아가셨다는 소식에
그는 고민했다.
아버지의 마지막은 보고 싶은데
나의 존재가 민폐일까…?
그렇게 그에게 아버지는 마지막까지
보고 싶어도 볼 수 없는 사람이 되었다.

그의 형과 누나는 아버지의 재산을 모두
어머니에게 줘야 한다고 했다.
재산은 모두 우리 엄마가 갖는 게 맞지!
변호사님, 지금 누나와
형 말대로 하면, 저는 본가
어머니가 돌아가신 후에
유산을 받을 수 있을까요?

아니요.
친모가 아니기 때문에
어렵습니다.
네… 제가
잘한 것도 없는데요.
왜 그렇게 말씀하세요?

제 존재가 그렇잖아요….
당신의 잘못이 아닙니다.
어른들의 잘못이에요.

혼외자도 떳떳한 상속인

"제가 잘못한 거지요, 하……."

상담실에 들어올 때부터 잔뜩 주눅이 든 모습이다.

"왜 그게 선생님 잘못이에요?"

"제가 있어서……."

"아니, 그러니까 그게 어떻게 선생님 잘못이에요?"

부부에게는 정조 의무가 있다. 그러니 부부간 정조 의무를 다하지 않고, 혼인 외 출생하는 자가 있는 것은 분명 잘못된 일이다. 그런데 그 잘못은 누구에게 있을까? 적어도 태어난 혼외자의 잘못은 아니다. 혼인을 하고도 정조 의무를 다하지 않은 피상속인의 잘못이고, 함께 외도한 상대방의 잘못일 뿐, 절대 혼외자의 잘못이 될 수는 없다.

그런데도 초등학교 시절 운동회에 아버지가 온 적도, 중학교 졸업식에 그 흔한 가족사진도 제대로 찍어 보지 못한 그들은 자신이 태어난 것 자체가 오류이자 잘못이라고 생각하는 경우가 많다.

190센티미터가 훌쩍 넘는 키의 그도 내게 와서 똑같은 말을 했다.

"제가 먹고살 만하면, 그냥 다 포기할까도 싶은 마음이에요."

"왜 포기하셔야 하는데요?"

"그분들은 제가 있는 것 자체가 얼마나 불편하겠어요."

"그렇다고 선생님이 아버지 자녀가 아닌 것은 아니잖아요."

그렇게 난 그에게 자신의 권리를 포기하지 말자고 했다. 사실 상속인들 간에 양보하는 문제였다면 강하게 권리를 지키라고 하지 않았을 것이다. 하지만 내가 그의 말에 동조하면, 그가 과거에서 벗어나지 못하고 또 다시 자신을 잘못된 존재라고 생각하며 평생을 살아갈 것만 같았다. 그래서 꼭 그가 자신의 권리를 지켜야 한다고 생각했다. 그렇게 그는 자신의 권리를 지키기 위해 한 걸음을 나아갔다. 그리고 형들과 누나와 함께 상속재산을 상속인으로서 공평하게 분할받았다.

혼외자도 상속인이다. 물론 혼인 안에서 태어난 자녀들 입장에서는 혼외자에 대해 곱지 않은 감정이 드는 것은 어쩔 수 없다. 그러나 혼외자도 피상속인의 자녀로 그 권리가 당연히 인정되어야 하고, 이를 누구도 포기하라고 강요할 수는 없다.

지금부터 혼외자가 상속인으로서 권리를 인정받기 위한 절차를 알아보자.

상속에서 문제가 되는 혼인 외로 출생한 자는 부모님의 임의 인지가 없었던 관계로, 피상속인의 가족관계등록부에 자녀로 등재되지 못한 경우다. 자녀를 낳으면 자녀의 생부와 생모는 스스로 국가에 그들을 자녀로 등재한다. 이를 **임의 인지**라 부른다. 그런데 상속에서 문제가 되는 혼인 외로 출생한 자는 부모님이 임의 인지를 하지 않아 피상속인의 가족관계등록부에 자녀로 등재되지 못한 경우다.

가족관계등록부에 등재되지 못한 혼인 외로 태어난 자는 피상속인의 재산을 상속받기 어렵다. 그래서 혼인 외의 자녀는 가족관계등록부상 자녀로 등재되기 위해서 인지청구 혹은 친생자관계존부확인을 위한 소송을 제기하여야 한다.

인지청구의 소는 혼인 외로 태어난 자와 친부 사이에 법률상 친자관계를 성립하기 위하여 거치는 절차이다. **친생자관계존부확인 소송**은 모자 관계에서 이미 출산이라는 자연적 사실로 성립된 친생관계를 확인받기 위한 소송이다.

> **【민법】**
>
> **제863조 (인지 청구의 소)**
>
> 자와 그 직계비속 또는 그 법정대리인은 부 또는 모를 상대로 하여 인지청구의 소를 제기할 수 있다.
>
> **제865조 (다른 사유를 원인으로 하는 친생자관계존부확인의 소)**
>
> ① 제845조, 제846조, 제848조, 제850조, 제851조, 제862조와 제863조의 규정에 의하여 소를 제기할 수 있는 자는 다른 사유를 원인으로 하여 친생자관계존부

확인의 소를 제기할 수 있다.

② 제1항의 경우에 당사자 일방이 사망한 때에는 그 사망을 안 날로부터 2년 내에 검사를 상대로 하여 소를 제기할 수 있다.

여기서 친부의 자녀로 등재되기 위해서 인지청구에 따른 판결만 받는 경우, 자칫 자신의 '성씨(姓氏)'가 바뀔 수 있기 때문에 이 부분을 조심해야 한다. 만약 내가 '홍길동'으로 살고 있었는데 친부의 성이 '박'이라면, 인지청구에 따른 판결을 받고 그 판결문을 구청에 제출하면, 내 성이 곧바로 '박길동'으로 변경될 수 있다.

그래서 친부의 자녀로 등재가 되고 싶지만, 평생 사용한 나의 성이 유지되기를 바란다면, 이는 예외적인 사유에 해당하므로 별도의 심판청구를 받아야 한다. 즉 인지청구와 별도로 '종전의 성과 본의 계속사용허가'를 위하여 심판청구를 해아 한다.

성과 본의 계속사용허가 심판청구

청구인　홍길동(주민등록번호　　　–　　　)
　　　　주소
　　　　등록기준지

청 구 취 지

청구인 겸 사건 본인의 종전의 성인 "홍(洪)"과 본인 "길동(吉同)"을 계속하여 사용할 것을 허가한다.
라는 심판을 구합니다.

청 구 원 인

청구인은 인지청구소송(사건번호 :　　　)의 판결에 따라 부친이 청구 외 ㅇㅇㅇ로 인지되었는데, 청구인은 20년 넘게 사용한 청구인의 성과 본을 계속 사용하고자 본건 청구를 하기에 이르렀습니다.

첨 부 서 류

1. 인지청구소송 판결문　　　　　　　　　　1통
2. 가족관계증명서　　　　　　　　　　　　1통
3. 주민등록등본　　　　　　　　　　　　　1통

20ㅇㅇ년 ㅇ월 ㅇ일

청구인 홍 길 동

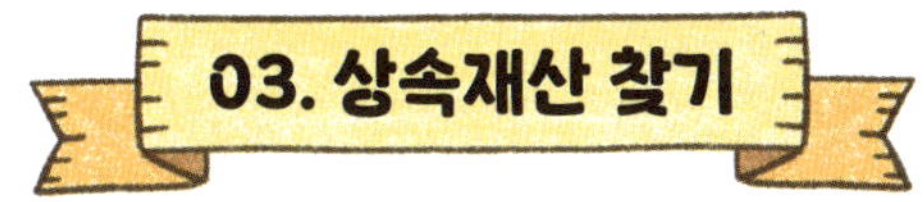

호적상 엄마가 아니라서

엄마는 아빠가 기혼자라는 사실을
모르고 사랑에 빠졌다.

그가 이미 결혼한 채로,
이혼도 하지 않고 자신과 결혼했다는
사실은 상상조차 하지 못했다.

엄마는 나와 동생을
낳은 뒤에야
그 모든 사실을
알게 되었다.

옛날에는 자식이 아빠의 호적에
올라가는 것이 당연했기 때문에

엄마는 나와 동생을
자신의 호적에
올리지도 못했다.

나와 동생의 가족관계증명서에는 본 적도 없는
아빠의 아내가 나의 엄마로 되어 있었다.

그리고 아빠는 자신의 호적에 우리를 올리고
자기 가정으로 돌아갔다.

엄마는 우리를 혼자 키우면서
안 해본 일이 없었다.

엄마는 세상의 비난을 받으면서도 나와 동생을
굳게 지켜냈다. 난 우리를 지킨 엄마가 좋았다.

하지만 동생은 달랐다.
나 좀 귀찮게 하지 마!
호적상 엄마도 아니잖아!
늘 엄마를 부끄러워했고 무시했다.

그렇지만 공부를 잘하는 모범생인 동생은 엄마의 자랑이었다.
우리 둘째가 공부를 이렇게 잘해요. 상도 많이 받고!
나도 똑똑한 동생이 자랑스러웠다.

그래서 그런 동생이 계속 공부할 수 있도록 나는 대학 진학을 포기했다.
동생은 좋은 대학을 나와,
학교 선생님이 되었고,
좋은 배우자를 만나 결혼까지 했다.

그러나 그 후, 동생은 나와 엄마를 멀리했다.
고객님이 전화를 받지 않아 삐 소리 후….
무슨 일 있나….
그리고 나는 결혼에 실패한 후 엄마와 함께 살았다.
엄마….

엄마와 여행도 가고, 함께 가게도 운영했다.
포장해서 집에서 먹자.
영화 보고 저녁은 뭐 먹을까?
딱 맥주 한 잔?
좋아!
우리는 서로에게 유일한 존재였다.

그런 엄마가 어느 날 암에 걸렸다.
그리고 투병 끝에 하늘로 떠났다.
나는 동생과 함께 엄마의 재산을 정리했다.

그런데 문제가 있었다.
나와 동생의 가족관계증명서에는
아빠의 아내가 엄마로 되어 있기에
우리는 엄마의 상속인이 될 수 없었다.

변호사님, 도와주세요….
이런 경우에는 '친생관계확인의 소'를 하면 됩니다.
그러면 두 분의 진짜 어머니를 법적인 어머니로 바꿀 수 있어요.

해결 방법을 찾은 나는
동생에게 바로 전화했다.
엄마 딸로 올릴
방법을 찾았어!
언니, 내가 지금 바빠.
조금 이따가 전화할게.
어… 그래?
동생의 반응이 이상했다.

동생에게 연락은 다시 오지 않았다.
왜 안 받지?
바쁜가?
무슨 일 있나?

알고 보니 동생은 엄마가
암에 걸린 사실을 알았을 때
이미 자신만 엄마의 딸로 바꿔 놓았었다.
호적 신청하려고요.
그리고 엄마가 사망한 후 단독 상속인이 되었다.

동생은 엄마의
금융재산도 모두 인출해 갔다.
상속인은 저밖에 없어요.
그렇게 나는,
동생과 소송을 시작했다.

엄마의 선택이 남긴 상속의 그림자

꽃 같은 시절의 첫 순정을 가져간 그 남자가 유부남인 사실을 알았을 때, 이미 아이가 생겼다. 그녀는 자신을 받아주지 않는 친정으로 돌아갈 수도, 유부남인 그의 집으로 갈 수도 없었다. 그렇게 그녀는 누군가의 손가락질을 받는 '첩'의 삶을 살게 되었다. 그래서 아이들만큼은 자신의 호적에 올리기보다 그 남자와 그의 아내 자녀로 키워야 한다고 생각했다.

"내가 받은 천대와 멸시를 아이들에게만큼은 받게 하지 않을 거야!"

그렇게 그녀는 홀로 아이들을 키우고, 노인이 될 때까지 호적상 아무와도 결혼한 적도, 자녀도 없는 것처럼 살아왔다. 내 아이들이 나와는 같은 삶을 살지 않았으면 하는 엄마의 마음이었다. 하지만 그녀가 세상을 떠난 후 아이늘이 평범하게만 살기를 바랐던 임마의 마음은 외면당하고 말았다.

엄마의 삶을 닮은 첫째는 엄마가 떠나는 것에 애가 닳아 재산을 전혀 신경 쓰지 못했다. 그 사이 엄마가 부끄럽다며 떠난 둘째는 엄마와의 유전자 검사를 통해 자녀로 인정받고는 재산을 모두 가져갔다. 엄마의 가족관계증명서에는 둘째만 자녀로 등재되었기에 둘째가 그녀의 재산을 모두 가져가는 것은 쉬운 일이었다.

그렇게 첫째는 나를 찾아왔다.

"변호사님, 동생이 연락이 안 돼요. 엄마가 분명 사이좋게 나누라고 해서 장례식장에서 제가 엄마 통장을 다 동생한테 줬거든요."

그때부터 첫째는 몇 년에 걸친 길고 긴 싸움을 시작할 수밖에 없었다. 첫째와 어머니의 가족관계를 연결하고, 그리고 다시 둘째가 가져간 재산을 찾아오고, 그밖에 은닉된 재산을 실제로 가져오는 데까지 4년이 넘는 시간이 흘렀다. 그 사이 첫째는 평생 함께했던 엄마를 잃었다는 슬픔과 믿었던 둘째에 대한 배신으로 인한 분노로 우울증에 시달렸다.

상속 소송은 삶을 병들게 할 때가 많다. 그래서 난 상담할 때 웬만하면 소송하지 말아야 한다고 권유한다. 상속 소송은 상속인들 간에 서로 대화가 되지 않을 때 최후의 수단일 뿐 최선의 수단은 아니기 때문이다.

그런데 첫째가 마음의 병을 얻으면서까지 소송에 긴 시간을 쏟을 수밖에 없었던 이유는 바로 그녀의 상속재산을 확인하기가 어려웠기 때문이다. 자녀 중에 부모님의 재산을 세세히 아는 사람은 거의 없다. 그래서 상속인이 되면 가장 먼저 해야 할 일이 상속재산을 확정하는 일인데, 그 시기를 놓치면 상속인들 간에 상속재산을 분할하는 과정이 오래 걸릴 수밖에 없다.

상속인이 되면 어떤 방식으로 상속재산을 확인할 수 있을지 지금부터 알아보자.

상속재산을 확정하지 못하면, 상속 문제를 해결하기 어렵다. 상속재산을 확정하는 가장 좋은 제도는 안심상속원스톱 서비스라는 제도를 활용하면 된다.

안심상속원스톱 서비스란 사망자가 남긴 금융거래, 토지, 자동차, 세금, 연금 가입 여부 등 상속재산 정보를 한 번의 통합 신청으로 조회할 수 있는 행정 서비스다. 피상속인의 사망신고 시 또는 사망일이 속한 달의 말일부터 6개월 이내에 전국 시·구청·읍·면·동 행정복지센터를 방문하거나 **정부24**(www.gov.kr)를 통해 온라인으로 신청할 수 있다. 신청인은 문자, 온라인, 우편 등을 통해 피상속인의 재산, 채무 등을 확인할 수 있다.

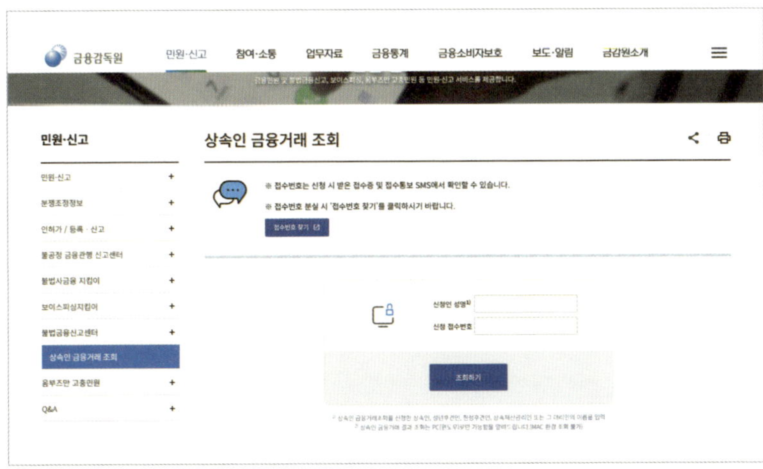

상속인 금융거래 조회(www.fss.or.kr/fss/cvpl/inhCerEc/main.do?menuNo=200010)

  안심상속원스톱 서비스를 신청하면 대략 3주에 걸쳐서 금융기관까지 조회를 할 수 있다. 이때 문자메시지를 하나씩 확인하면서 미리 걱정할 필요는 없다. 3주 후 금융감독원의 '상속인 금융거래 조회'를 이용하면, 금융재산 내역도 한 번에 알아볼 수 있으니, 서비스 신청 3주 후 인터넷을 통해 일괄로 확인하면 된다.

난 모르는 일이야!

나는 딸 부잣집의 막내딸이다.

결혼한 언니들이 힘들어하는 모습을 보고,
나는 결혼 안 해야겠다고 생각했다.
술을 좋아하는 형부,
여자를 좋아하는 형부,
늘 거짓말을 입에 달고 사는 형부.

그래서 나는 피아노 학원을 운영하면서
부모님과 함께 셋이서 살았다.
다녀왔습니다.
배고프지?
밥 먹자.
왔니?

우리 딸 결혼도 안 했는데,
이 집은 우리 막내딸 줘야겠네.
가만있어봐,
이야기 나온 김에 써 주마.
대신 아버지 죽어도
어머니 잘 모시고 살아야 한다!
그렇게 아버지는 내게 유언장을 작성해 주셨다.

아버지는 팔순 잔칫날에 이야기를 꺼내셨다.

형부들은 내가 집을 갖게 되는 것을
탐탁지 않게 생각했지만,
그래도 언니들은 아버지 뜻에 따르겠다고 했다.

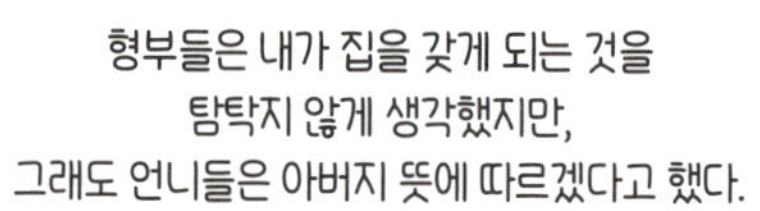

그래서 나는 우리 집은 어떤 문제도
없을 것이라 믿었다.

36

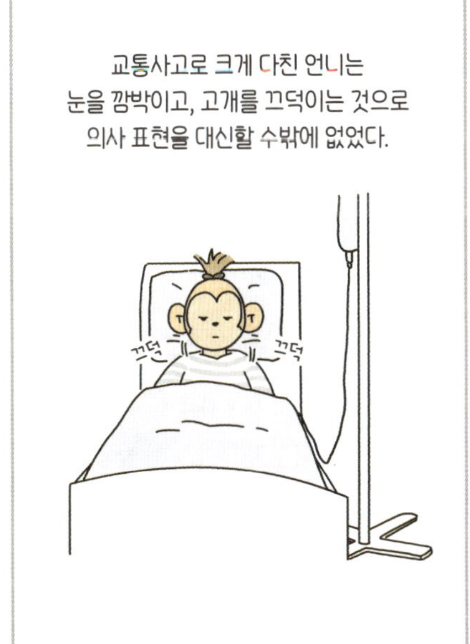
교통사고로 크게 다친 언니는
눈을 깜박이고, 고개를 끄덕이는 것으로
의사 표현을 대신할 수밖에 없었다.

언니의 상태는 좀처럼 호전되지 않았고,
1년이 넘게 병원 신세를 지게 되었다.

그러던 중
아버지가 돌아가셨다.

아버지의 장례 절차는 순조로웠다.
그리고 온 가족이 있는 자리에서
우리는 아버지의 유언장을 함께 보았다.
아파트는 막내딸에게 준다.

다행히도 언니들은 아버지의 뜻을 따라주었다.
자필 유언장이기 때문에
유언검인 절차를 거쳐야 합니다.
우리 번거로운 절차 거치지
말고 협의해 주자.
좋아, 그러자!
언니들, 고마워….

언니들은 협의서를 작성하고
도장을 찍었다.

그리고 그 자리에 오지 못한 큰언니를 찾아갔다.
끼익
언니, 아버지가 돌아가셨어…,
아빠가 나한테 아파트 준다고 유언장을
작성하셨어. 언니, 동의해…?

깜빡
그럼 형부가 도장 찍어도 되지?
깜빡

형부는 언니를 대신해 도장을 찍어주었다.
언니, 고마워….
형부, 고마워요….
나는 언니에게 받은 협의서를 제출했다.

그리고 한 달 후
우리는 언니를 떠나보냈다.

아버지와 언니를 떠나보낸 후
조금씩 슬픔에서 벗어나
일상을 회복하던 때였다.

띵동
누구세요?
우편이요~
응? 무슨 우편이지?

소장
원고 형부
조카
상속재산 협의는
무효이므로,
부동산을 돌려달라.

큰언니의 가족들은 큰언니가
의식이 없을 때 한 협의가 무효라며
부동산을 돌려달라는 소송을 제기했다.

큰언니의 가족들은
내가 협의서를 위조하였다며,
사문서 위조로 고소를 했다.

그렇게 형부는 협의서를 작성했던
사실을 부정했다.

다행히 당시 그 자리에는
간병인 아주머니가 함께 있었다.

아주머니를 찾아가 당시 회상을 녹취하였고,

우리가 가지고 있던 유언장을 토대로 문서를
위조할 이유가 없었음을 적극 소명하였다.

그리고 언니들의 증언과 사실 확인서를 통해
함께 협의한 내용임을 밝혔다.
그 결과 경찰에서는 큰언니의 의사에 따라
협의서가 작성되었다고 보았다.

그리고 법원에서도…

그렇게 우리는 당사자 신문까지 마친 후,
법원에서도 상속재산분할협의서가
유효하다는 판결을 받을 수 있었다.

문서의 효력을
무시하지 마세요.

상속을 바꾼 도장 하나

상속 관련 상담을 할 때 가장 안타까운 사람들은 이미 협의를 하고 온 분들이다.

> **상담자 :** 정말 몰라서 그랬어요. 그냥 찍으라고 해서 찍었다니까요.
>
> **변호사 :** 그러면 그때 모르고 찍었다는 녹취 같은 증거가 있을까요?
>
> **상담자 :** 변호사님, 가족끼리 어떻게 그래요.
>
> **변호사 :** 선생님, 증거가 없으면 소송을 해도 이길 수가 없어요.
>
> **상담자 :** 이제 저 어떻게 해야 하나요?

반대로 '상속재산분할협의는 무효'라며 소송을 당한 상담자가 찾아올 때는 자신 있게 답변한다.

> **변호사 :** 선생님, 너무 걱정하지 마세요. 이 소송은 저희가 유리한 소송입니다.
>
> **상담자 :** 그런데 자꾸 안 보고 찍었다고 해요. 제가 정말 언니한테 설명을 다 했거든요.
>
> **변호사 :** 그것을 입증해야 한다는 문제가 남아 있긴 하지만, 그래도 우리가 유리해요.

내 의뢰인은 병원에 있는 언니에게 상속재산분할협의서를 보여주고 거동이 불편한 언니를 대신하여 형부가 도장을 찍었다. 그런데 형부는 언니가 사망 이후 '협의는 무효'라고 소송을 걸었다.

당시 도장을 찍었던 언니가 이미 이 세상 사람이 아니어서 그 과정을 입증하는 것이 쉽지는 않았으나, 그렇다고 못 이길 소송도 아니었다. 이처럼 도장을 이미 찍으면, 그 협의서의 효력은 정말 강력하다. 그래서 결론부터 말하자면, 도장은 절대 함부로 찍으면 안 된다. 도장을 찍고 나면, 그 억울한 사연을 들어주는 재판부는 거의 없다고 보면 된다.

이는 도장이 갖는 무서운 힘 때문이다. 법률 용어로 '문서의 2단 추정'이란 것인데, 도장이 내 것이라면 인영 즉 도장을 찍은 것도 나로 추정하는 것이고, 도장을 찍은 것이 나라고 추정되면 문서의 내용도 진짜로 추정한다는 원칙이다.

그래서 상속재산을 분할하는 중에 도장을 형제, 자매에게 맡긴다거나 여러 장으로 되어 있는 서류에 그 내용을 보지도 않고 도장을 찍어버린다면, 스스로 자신의 상속권을 휴지통에 버린 것과 같다고 생각하면 된다.

"나는 정말 형제자매를 믿고 맡겼는데, 휴지통에 제 권리를 버리는 거라고요?!"

이 사실을 알고 화를 불끈 내는 이들도 많을 것이다. 이렇게까지 이야기하는 이유는 상속인들이 정말 좋은 협의를 했으면 해서다.

우리는 대부분 '세상 사람들이 내 마음 같지가 않다'라는 말에 공감한다. 처음 만난 사람에게 이 말을 건네면, 많은 사람이 "맞아요, 다 제 마음 같지가 않더라고요." 하며 깊은 공감을 표한다.

상속재산을 분할할 때만큼은 나의 형제와 자매의 마음이 내 마음 같지 않을 수 있다.

  상속재산분할협의를 할 때 조금은 불편하지만, 각자가 자신의 권리를 찾고 협의를 다 마친 후 속상했던 감정을 풀어내는 것이 나을까, 아니면 상속재산분할협의를 할 때 '오빠한테 어떻게 그런 이야기를 해? 내가 어떻게 엄마한테 재산을 물어봐.'라며 잘 알지도 못하는 합의를 한 이후 형제자매가 재산을 모두 가져간 사실을 알고는 소송으로 이어져 평생을 못 보는 관계가 되는 것이 나을까?

  때로는 순간의 불편함을 참아야 할 때가 있다. 순간의 불편함이 더 건강한 관계를 만들 수도 있기 때문이다. 그러니 상속재산분할협의를 한다면, 조금은 불편해도 다음 협의 방법을 숙지해보자.

✅ 상속재산분할협의 시 주의 사항

상속재산분할협의를 한 이후 재협의가 되는 경우는 거의 없다고 보면 된다. 재협의라는 것이 누군가는 유리하고 누군가는 불리한 협의였기에 다시 협의하겠다는 뜻이다. 하지만 재협의는 상속인 전원의 동의가 있어야 하는데, 이미 유리하게 협의한 상속인이 다시 협의할 가능성은 작다. 그래서 상속재산분할협의를 할 때는 다음과 같은 단계를 지키는 것이 좋다.

첫째, 상속재산을 모두 확인해야 한다. 다른 상속인늘의 말을 믿고 싱속재신을 확인하기보다는 안심상속원스톱 서비스 조회를 통하여 피상속인의 재산, 채무를 모두 직접 확인하길 권한다.

둘째, 다른 상속인들의 증여재산이 있는지 확인하는 것이 좋다. 피상속인의 금융재산과 과거 토지 내역을 확인해서 상속인들에게 증여된 재산이 있는지 확인한 이후 그 증여재산을 고려해 협의하는 것이 좋다.

셋째, 상속재산분할협의는 서둘러서 하면 안 된다. 간혹 상속세, 취득세 등의 문제 때문에 상속재산분할협의를 서두르는 경우가 있는데, 우선 세금만 납부하면 되는 문제로, 반드시 협의가 전제조건은 아니다. 그래서 협의가 되지 않았다면 상속세, 취득세, 피상속인의 채무 등의 문제만 먼저 해결한 후 시간을 갖고 협의하는 것이 좋다.

넷째, 상속재산분할협의를 할 때 구두상 협의 내용이 별도로 있어서는 안 된다. 협의 내용은 작은 부분이라도 모두 협의서에 작성되어야 향후 분쟁의 위험을 줄일 수 있다. 예를 들어, '오빠가 부동산을 먼저 다 분할받고, 매도하면 그때 나눠준다'라고 했다. 이때 상속재산분할협의서에 오빠가 부동산을 단독으로 분할받는 내용만 있어서는 안 된다는 것이다. 반드시 매매 후 그 대금으로 상속분 만큼을 정산한다는 내용도 함께 기재되어 있어야 한다.

마지막으로, 상속재산분할협의의 당사자는 모두 동등한 권리를 가진 상속인임을 잊지 말자. 가끔 상속인 중 자신이 마치 재산을 나누어 주는 것처럼 생색을 내는 경우가 있는데, 그러한 태도는 소송행 직행열차를 타는 행위다. 상속재산은 공동상속인들 간에 동등한 입장에서 협의를 거쳐서 분할해야 하는 공동의 재산이니, 서로 대등한 입장에서 긴밀하고 솔직하게 대화하길 바란다. 그래야 우리 같은 변호사를 만날 일이 없다.

✅ 상속재산분할협의서 작성법

상속재산분할협의서 양식이 하나는 아니다. 다만, 다음 예시를 통해 협의서를 작성할 때 필요한 요소를 알아보자.

【예시】

<h2 style="text-align:center;">상 속 재 산 분 할 협 의 서</h2>

Ⓐ

　　　　년　월　　일 홍길동(주민번호 :　　　, 주소:　　　)의 사망으로 인하여 개시한 상속에 있어 공동상속인 홍○○과 홍△△은(는) 아래와 같이 상속재산의 분할을 협의한다.

<h3 style="text-align:center;">다 음</h3>

Ⓑ

[상속재산 목록]

1. 상속부동산의 표시

가.

나.

2. 금융재산의 표시

가.

나.

⑴ 1의 가.항 부동산은 ○○○이 단독 소유하고, 1의 나.항 부동산은 ○○○과 △△△가 2분의 1씩 소유한다.
⑵ 2의 가.항 및 나.항 금융재산은 △△△가 단독으로 소유한다.

Ⓒ

위 협의를 증명하기 위하여 이 협의서를 4부 작성하고 각 공동상속인 전원은 인감도장을 날인하고 인감증명서를 첨부하여 각자 1부씩 보유하고 1부는 부동산 등기 신청 시 등기소에 제출한다.

Ⓓ 2020. 00. 00.

Ⓔ 공동상속인

	인감도장
홍○○ 790505－××××××	
주소 :	
홍△△ 810505－××××××	
주소 :	

Ⓐ : 피상속인의 이름, 주민등록번호, 주소, 상속이 개시된 날을 기재하고 공동상
속인 전원이 함께 상속재산분할협의를 한다는 취지의 내용을 기재한다.

Ⓑ : 상속재산을 특정하고 이를 어떻게 분할할 것인지 기재한다.

Ⓒ : 상속인 전원이 상속재산분할협의서를 한 부씩 보관하는 것이 좋다. 다만 상
속부동산이 있는 경우 등기이전을 위하여 협의서를 등기소에 제출해야 하
니 그 부분도 고려하여 부수를 정한다.

Ⓓ : 상속재산분할협의를 한 날짜를 명확히 기재한다.

Ⓔ : 공동상속인의 인적 사항을 기재해야 하고 반드시 인감도장을 날인한다. 이
때 첨부되는 인감증명서 또한 발행일로부터 3개월 이내에 발급한 것이어야
등기소에서도 효력이 있다.

개천에서 태어난 용

엄마!!!
나 1등 했어!!!!

우리 막내~
또 1등 했어?
짠!
떡

다섯 명의 누나와 나, 그리고 엄마.
우리 집은 가난했다.
맛있겠다!
오늘은 김밥이랑 떡 먹자.
미안해, 얘들아….
아니야, 엄마.
맛있겠다!
아빠는 내가 어릴 때 돌아가셨다.
그래서 난 아빠 얼굴도 모른다.

오~ 막내, 또 1등 했어?
우리 막내, 완전 멋진데?
대단하다~
난 우리 집의 자랑이었다.

난 엄마와 누나들의
기대 속에서 열심히 공부했다.

그리고 마침내
의대에 진학할 수 있었다.

등록금이 없어
못 갈 수도 있겠다 싶었는데,
큰누나 덕분에 등록금을 마련할 수 있었다.
큰누나 고마워! 모은 돈을
내 등록금으로 내줘서….
나중에 잘해!
누나 용돈도 주고.
우리 막내가
엄마한테도 효도하겠지~?

그래서 난 다짐했다.
응, 당연하지!
엄마와 누나들에게 꼭 보답하겠다고.

그리고 난 대학병원
인턴이 되었다.

마루병원
어, 누나!
웬일이야?

너희 매형이 음주운전을 하다가
교통사고를 냈어….
그래서 지금 돈이 필요해….
그래? 매형은 괜찮으셔?
내가 마련해 볼게.

큰누나는 결혼 후 매형의
잦은 사고로 마음고생이 심했다.
미안해….
그리고 매형이 사고를 칠 때마다
누나는 내게 돈을 빌리러 왔다.

사실 나도 여유가 있는 편은 아니었지만,
누나의 일이니까 도와줬다.

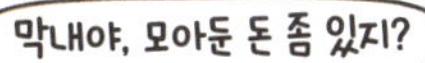

나 또한 누나들의 도움으로
의사가 될 수 있었음을 알았기에
묵묵히 뒷바라지를 했다.
그게 인간의 도리라고 생각했다.

운전자 측은 선처를 부탁했다.

우리는 운전자가 한 가정의
가장인 점을 고려하여
합의금을 받고 합의했다.

음, 그러면 엄마 보상금은 우리가 나눠 갖고,
엄마가 살던 판자집은 막내 네가 가져.
너는 지금 당장 돈이 필요한 것은 아니잖아.

누나들은 엄마가 남긴
판자촌 집 한 채만을 내 몫으로 주고,
나머지 보상금과 보험금은 모두 가져갔다.

엄마가 남긴 집은 오래되어
재산적 가치는 없었다.
그래도 사정이 어려운 누나들을 생각하면
나머지는 양보해야 한다고 생각했다.

20년 후
따르르롱
따르르롱

여보세요?
막내야, 엄마 집 재개발되는 거 알아?
아, 그래?
그러면 엄마 집 다시 나눠야지.

어? 그게 무슨 소리야?
누나, 나 지금 일하고 있으니까
나중에 얘기해.

누나들은 엄마가 남긴 집이
재개발된다는 소식을 전해왔다.

누나들은 엄마 집 재개발 보상금을
나눠야 한다고 말했다.
그리고 누나들끼리도 돈을 어떻게
나눠야 할지 다투기 시작했다.

큰누나는 기어코 내게 소장을 보내왔다.
본래 상속재산이고,
상속인 전원이 함께 가지고 있어야 하는
재산인데 잠시 내 명의로 되어
있었을 뿐이라는 주장이었다.

우리는 상속재산분할협의가
이미 이루어졌다는 점을 주장했고,
그 과정에서 다른 누나들의
증인신문이 진행되었다.

59

판결이 났다.
상속재산분할협의가 있었던 것으로 보인다.
원고의 청구를 기각한다.

변호사님, 수고하셨어요.
큰누나는 아마 포기하지 않을 거예요.
다른 누나들도 그렇고요….

역시나 큰누나는 1심 판결에 불복하였고,
내가 문서 위조를 했다고 고소까지 했다.

큰누나는 항소심에서도 청구가 기각되고,
내가 '불송치 결정'을 받은 뒤에야 그만두었다.

큰누나
그렇게 나의 30년 넘는
개천에서 난 용 생활이 끝이 났다.

등기부가 말해 주는 진실

의뢰인은 20년 전 상속재산분할협의를 마쳐 부동산의 소유권이 버 젓이 이전되었음에도, 소송을 당해 날 찾아왔다. 전혀 가치가 없었던 부동산이 재개발로 인해 열 배 아니 스무 배 이상이 오를 것이라는 소 문이 형제들의 눈을 가려버리고 만 것이다.

그리고 형제들은 합심하여 상속재산분할협의가 없었던 것이라고 주 장했다. 아주 단순히 상속재산을 보관하고 있던 것일 뿐, 그 재산은 매 매하면 나누기로 했다고 주장했다. 내 의뢰인을 제외한 모든 형제가 하나의 목소리를 내니, 생각보다 소송 기간이 길어졌다. 오롯이 '진술' 에만 의존해야 하는 소송이기에 당사자 신문, 형제들의 배우자에 대한 증인신문까지 이어졌다. 그들은 합심하여 상속재산분할협의가 없었다 고 주장하면서노, 서로의 욕심을 버리지 못해 결국 자멸했다.

어느 형제는 이렇게 말했다.

"그런데 제가 그때 더 안 받아서 더 가져가기로 했어요."

또 어느 형제의 배우자는 이렇게 말했다.

"제가 상속재산분할 과정을 잘 아는데, 그때 고생한 저희가 더 가져 가기로 했지요."

이처럼 서로가 더 많은 재산을 분할해야 한다고 다투면서, 진술의 신빙성이 점점 사라져 버린 것이다.

상속재산분할협의를 하고 나서 소송을 제기하는 일은 생각보다 자 주 일어난다. 심지어 상속재산분할협의를 하고서도 자신이 협의했는지 조차 제대로 인지하지 못하는 상담자들이 종종 있다. 그러면서 그들은 벌컥 화를 낸다.

"변호사님, 협의한 적이 없다니깐요!"

"등기부에 협의라고 되어 있는데, 협의를 안 하셨을 리는 없어요. 선생님, 혹시 예전에 어디에 도장 찍으신 적 없으세요?"

"제가 찍은 적이 있기는 한데, 그래도 협의를 한 것은 아니에요."

상담자의 이야기를 요약해 보면, 그때 그 협의는 상속재산을 분할하는 협의가 아니었다는 것이다. 그런데 상담자가 우긴다고 해서 상속재산분할협의가 없던 일이 되지는 않는다. 특히 상속부동산이 있는 경우, 그 부동산의 소유권이 이미 한 상속인에게 이전되었고, 등기사항전부증명서에 '상속재산분할협의'라고 기재되어 있다면, 상속재산분할협의는 있었다고 추정한다.

그 이유는 법률적으로 정해져 있는 '등기의 추정력'이란 부분 때문이다. 등기의 추정력을 설명하려면, 등기사항전부증명서를 알아야 한다. 등기사항전부증명서는 소유권이 이전되는 행위나 저당권이 있는 등의 소유권 이외의 권리가 기재된다. 여기서 등기에 기재된 내용을 옳은 것으로 추정한다는 것이 '등기의 추정력'이다. 즉 상속부동산의 등기사항전부증명서에 '상속재산분할협의'라고 되어 있다면, 협의서에 따른 협의가 된 것으로 추정한다. 그래서 상담자가 상속재산분할협의가 없다고 주장하려면, 실제 협의서 작성을 한 적이 없다든지, 협의서를 작성했어도 그 내용 이면에 다른 협의가 있었음을 입증해야만 가능하다.

지금부터 상속부동산의 등기 종류와 제한에 대해 알아보자.

부동산은 **등기사항전부증명서**(일명 '등기부'라고도 한다)라는 게 있다. 부동산의 등기부는 인터넷 등기소(www.iros.go.kr)에서 주소만 기재하면 발급받을 수 있다. 즉, 누구의 허락을 받지 않고도 전국에 있는 부동산은 모두 발급받을 수 있다.

인터넷 등기소(www.iros.go.kr)

✅ 상속부동산 등기 종류

상속과 관련된 등기는 크게 세 가지로 나뉜다.

1) 상속 등기

상속 등기는 법정상속분대로 공유하여 등기하는 방식을 말한다. 상속 등기는 상속인 1인이 단독으로도 할 수 있는 등기 형태로 상속인 전원의 동의가 필요한 등기가 아니다. 상속 등기는 향후 유언에 따라 부동산을 받게 되는 상속인이 유증등기로 변경하거나, 상속인 간에 협의를 거쳐 상속재산분할협의 등기로 변경이 가능하다. 그래서 상속 등기는 불안정한 등기라고 볼 수 있다.

2) 상속재산분할협의 등기

상속재산분할협의 등기는 예를 들어 상속인 간에 'A 부동산은 첫째가 가지고, B 부동산은 둘째가 갖는다'라고 공동상속인 전부가 일치된 의견으로 협의서를 작성하여 등기하는 경우를 의미한다. 그래서 상속재산분할협의 등기는 공동상속인 전원의 협의가 없으면 불가능한 등기 형태이다.

상속재산분할협의 등기 후 재협의 등기도 가능하기는 하다. 다만, 상속세 신고 기한이 지나서 재협의하게 되면, 상속 지분 이동 부분에 따라 취득세 재부과 문제와 증여세 부과 문제가 발생할 수 있다.

3) 판결 등기

상속재산분할심판에 따라 등기가 마쳐지는 경우가 있다. 즉, 공동상속인 간에 협의가 되지 않을 때 소송을 할 수밖에 없다. 이 경우 상속재산분할심판 청구를 하는데, 이 청구의 결과에 따라 부동산 등기를 이전하는 방식이다. 판결 등기 또한 상속인 전원의 협의가 되지 않은 채 판결을 받은 것으로, 다른 상속인들의 협조 없이 판결문을 가지고 등기 이전을 할 수 있다.

✅ 상속 등기 기한의 제한

상속 등기에 기한 제한이 있다고 생각하는 사람들이 많지만, 상속 등기는 기한 제한이 없다고 봐야 한다. 다만 상속 등기를 하지 않더라도 취득세는 기한 내 신고하고 납부해야 한다.

즉 취득세와 상속세는 신고 기한이 정해져 있고, 그 기한을 넘으면 신고불성실 가산세로 본세의 20%가 가산된다. 이처럼 세금의 신고 기한이 정해져 있다 보니, 상속부동산을 등기하는 데도 기한이 정해져 있다고 오해하는 경우가 많다. 그래서 상속세와 취득세 신고 기한 내에 등기를 마치려다가 잘못된 협의를 하는 경우가 발생하는 것이다. 더구나 스스로 상속재산분할협의서에 도장을 날인했다면, 아무리 잘못된 협의였다고 해도 재협의를 한다거나 다시 소송하는 것 또한 쉬운 일이 아니다.

만약 협의가 이루어지지 않는다면, 취득세만 납부하면 되는 것이지 등기를 할 이유는 전혀 없음을 알아두자.

세금이 체납되었습니다!

큰삼촌이 돌아가셨다.

큰삼촌

큰삼촌은 결혼도 하지 않았고,
아이도 없었기 때문에
삼촌의 형제들이 상속인이 되었다.
나는 먼저 돌아가신 어머니를 대신해
상속인이 되었다.

삼촌의 재산을 분할하기 위하여
큰이모, 작은삼촌, 막내이모 모두가 모였다.

큰삼촌과 가장 가까웠던 큰이모가
상속재산분할을 주관하였다.

우리는 모두 공평하게 나누는 것이 좋을 것 같다.
다들 동의하지?

응, 그래, 그러자.

네, 이모, 저는 고맙죠, 뭐….

모두가 법적상속분대로
상속재산을 분할하기로 한 데에 감사했다.

다들 많이 다툰다는데,
우리 집은 이렇게 쉽게 마치다니….

각자 가지고 싶은 토지를 나눠 받는 게 어때?
그래야 팔기도 쉽지.
대부분 토지가 인접해 있었기에
크게 다툴 일도 없었다.
우리는 서로 상의하에 토지를 나누어 가졌다.

그날 이후,
오랜만에 이모들과 삼촌을 만났다.
이모들, 삼촌!
잘 지내셨어요?
그래, 잘 살았고?

막내이모는 이제
미국으로 가세요?
응, 그래야지.
오빠 때문에 잠깐 온 거니까…,
앞으로 상속 문제는 언니 뜻에 따르려고.

삼촌은 사업
괜찮으시고요?
힘들었는데, 그래도 재산이
생기니까 한숨 돌릴 것 같다.

서로 안부를 주고받을 정도로,
큰삼촌의 상속재산분할 과정은
순조롭게 진행되었다.

우리는 상속재산을 나눈 뒤,
큰이모의 주도 하에 일부
부동산을 매도하였고, 그 대금으로
큰삼촌의 채무를 함께 변제했다.
다들 이의 없지?
상속세 신고까지 다 마친 우리는
모든 절차가 끝났다고 생각했다.

막내이모는 다시 미국으로 돌아갔고,
응, 연락하고~
이모, 조심히 가세요.
종종 연락하고 지내자.
네, 삼촌.
마루식당
마루식당
마루식당
GATE

그리고 1년 후,
나는 상속세 체납 압류통지서를 받았다.
저는 제 상속세를 다 냈어요.
이게 뭐죠?
다른 분들이 상속세를 안 냈는데,
모르시나요?

뭐라고요?
누가 체납을 했다는 거지요?
OOO 씨랑, 미국에 거주하는 OOO 씨가 납부하지 않으셨네요.

작은삼촌이랑 막내이모가요?

상속세에는 연대납세의무가 있다.
즉, 상속인 전원이 함께 납부해야 하는 세금이기 때문에
자신의 몫에 해당하는 상속세를 이미 납부했더라도
다른 상속인의 체납이 발생하면,
이를 함께 납부할 의무가 생긴다.

나는 세무서를 찾아갔다.

작은삼촌과 막내이모의 재산을 압류하면 되는 것 아닌가요?

이모
삼촌
OOO 씨는 이미 국세가 많이 밀려 있고요.
OOO 씨는 미국에 거주하고 있어서 압류할
재산을 찾더라도 추징하기가 어려워요.
가장 추징이 쉬운 조카분의 통장을
압류할 수밖에 없습니다.

*구상금 청구 : 타인을 대신해 채무를 갚은 사람이, 원래 그 채무를 부담해야 할 사람에게 대신 갚은 금액을 돌려 달라고 요구하는 법적 권리

나는 월급 통장 압류를 해제하기 위해
큰삼촌에게서 상속받은 재산 중
남아 있던 것을 모두 처분하고 상속세를
납부했다. 그렇게 상속세를 납부하고 나니,
큰삼촌에게서 받은 재산 중 남은 것은
없었고, 오히려 돈을 더 쓴 셈이 되었다.

상속세 납부를 모두 마치고
큰삼촌과 막내이모를 상대로
구상금 청구 소송을 진행했다.

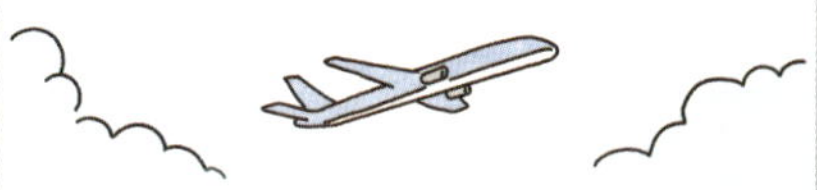

막내이모가 외국에 살고 있었기 때문에
소장을 보내는 데만 몇 달이 걸렸다.

판결은 쉬웠다.
내가 큰삼촌과 막내이모의
상속세를 대신 납부하였기 때문에,
판결은 당연히 우리가
이길 수밖에 없었다.

하지만 큰삼촌과 막내이모가
국내 재산을 모두 숨긴 탓에
이미 납부한 세금을 돌려받기는 쉽지 않았다.

우리는 큰삼촌과 막내이모의 재산을
찾기 위해서 재산명시신청을 했으나
재산을 찾을 수 없었다.

결국 두 사람을 상대로
채무불이행자등재신청을 해야 했다.

채무불이행자등재가 되면
신용 불이익을 받고 금융거래에
제한이 생기기 때문에 평생 신용불량자로
살 것이 아니라면, 돈을 갚을 수밖에
없다는 점을 이용한 것이다.

그렇게 우리의 소송은 마무리되었다.
그는 돈을 받았을까?

상속의 시작도, 끝도 세금

"협의만 마치면 다 끝나는 것인 줄 알았어요."

"전 세금도 다 냈는데, 제가 받은 재산을 공매로 넘긴다는 거예요."

상속의 시작과 끝에는 모두 세금이 있다고 해도 과언이 아니다. 그래서 상속재산분할협의에 대한 법률 자문을 할 때나 상속재산분할심판에서 조정할 때 늘 이 질문을 한다.

"그래서 상속세는 어떻게 하실 건가요?"

상속전문변호사로서 보는 상속은 나누는 것이 끝이 아니고, 세금까지 납부해야 끝이라고 생각한다. 그래서 가능한 한 상속과 관련된 소송에서 조정할 때 '세금' 부분을 모두 함께 고려해서 조정하려고 한다.

세금을 이렇게 중요하게 다루는 이유는 바로, 상속과 관련된 세금들 즉 취득세나 상속세는 연대납세의무이기 때문이다. 쉽게 말해서, 연대납세의무란 상속인들 전원이 상속세 전체에 대해 납부할 책임이 있다는 의미다. 그래서 상속인들 간에 상속세 납부에 대한 분담 비율이 있다고 한들 누군가 상속세 납부를 하지 않았다면, 그 책임을 모두 힘께 져야 한다.

만약 내 몫의 세금을 납부했다고 해도 다른 상속인이 납부 의무를 이행하지 않고 재산을 모두 처분했다면, 구청이나 세무서는 가장 납세 의무를 이행하기 쉬운 상속인의 재산을 압류할 수 있다. 그러면 세금을 납부한 상속인 입장에서 무척 억울할 것이다. 그러니 과세 관청에 찾아가 이렇게 따져 묻는 경우가 많다.

"전 제 상속세를 다 냈는데, 왜 제 재산을 압류하는 거지요?"

그러면 과세 관청은 '억울한 것은 잘 알지만, 상속세는 연대납세의무입니다'라는 형식적인 답변만 할 뿐 억울한 사정을 전혀 고려해 주지 않는다. 과세 관청은 세금을 징세해야 할 의무가 있기에 상속인들의 각자 사정을 고려할 수도 없다.

그런데 문제는 상속과 관련된 세금에 대한 구상금 청구를 한다고 한들 상속인에게 재산이 없다면 실질적으로 구상을 받을 방법도 많지 않다는 점이다. 실무적으로 보면, 구상금청구 소송을 통해 상속세 납부 의무를 다하지 않은 상속인에게 승소 판결을 받았다고 해도 세무서나 구청조차 찾지 못한 그들의 재산을 실질적으로 찾아내는 것 자체가 어렵다.

그래서 세금 납부 의무를 어긴 상속인에 대한 구상금청구 소송을 할 때는 채권을 확보할 만한 재산이 있는지 먼저 확인하는 것이 좋다. 이를 확인해야만 실제로 소송을 통한 효과를 누릴 수 있기 때문이다.

그러니 상속재산은 분할했다고 끝이라고 생각하면 안 된다. 상속재산의 분할은 세금까지 마무리되었을 때 진정 끝났다고 봐야 한다. 다시 한번 강조하면 상속의 시작도, 마무리도 세금이다. 상속과 관련된 세금은 반드시 고려해야 할 대상임을 잊지 말자.

상속과 관련된 세금

상속재산이 있는 경우 공동상속인들 간에 협의하는 것만큼 중요한 것이 세금 문제이다. 상속재산분할협의만 신경 쓰다가 만약 세금을 납부하지 않는다면, 이로 인해 상속인들의 고유재산까지 압류될 수 있기 때문에 상속이 개시되면 세금 문제도 반드시 신경 써야 한다.

상속과 관련된 세금은 크게 두 가지다. 국세인 상속세와 지방세인 취득세이다. **상속세**는 상속재산이 상속세 공제 한도를 넘었을 때 발생하는 세금이고, **취득세**는 상속부동산이 있으면 반드시 발생하는 세금이다.

상속세와 취득세는 피상속인과 상속인이 거주자인 경우 피상속인의 사망일이 속하는 달 말일부터 6개월 이내에 신고하도록 되어 있다. 반면 피상속인과 상속인 중 비거주자가 있는 경우 피상속인의 사망일이 속하는 달 말일부터 9개월 이내에 신고해야 한다.

상속세와 취득세의 신고 기한을 넘기면 신고 불성실 가산세로 본세의 20%가 부과되니, 신고 기한을 지키는 것이 좋다. 특히 상속세와 취득세는 상속인들에게 연대납세의무가 있기 때문에 상속세와 취득세가 발생하면 상속인 모두에게 납부 의무가 부과된다.

✅ 상속 세금에 관한 오해

1) 협의가 안 되면, 세금을 안 내도 된다?

가장 많이 오해하는 부분은 "아직 협의를 안 했는데, 왜 세금을 납부해요?"라는 것이다. 물론 상속인들 간에 협의가 이루어지지 않으면, 내부적으로 상속재산이 분할되지 않은 것이 맞다. 하지만 국가 입장에서는 피상속인이 사망하면, 곧바로 그 재산이 공동상속인들에게 상속 즉 취득된 것이기 때문에 국가는 공동상속인들 전원에게 상속세와 취득세 납부 의무를 부과할 수 있다.

2) 세금 납부를 못 하면, 세금 신고도 못 한다?

"지금은 돈이 없는데 신고를 어떻게 해요?"

상속재산분할협의가 되지 않는 상황에서 상속세 및 취득세의 재원 마련이 어렵다 보니, 이처럼 질문하는 경우가 있다. 하지만 상속세와 취득세는 당연히 신고 기한 내에 신고라도 해야 한다. 그 이유는 가산세 때문이다. 상속세와 취득세를 신고 기한 내에 신고하지 않으면, 본세의 20%를 신고불성실 가산세로 납부해야 한다. 즉 신고라는 '한끗' 차이로 본세의 20%라는 금액이 왔다 갔다 한다. 그러니 납부는 나중에 하는 한이 있더라도 당연히 신고는 해야 한다.

즉 상속재산분할협의가 이루어지지 않았더라도, 세금을 납부할 재원이 현재 마련되지 않았다고 해도, 기한 내 상속세와 취득세 신고를 하는 것이 좋다.

✅ 상속세를 부담하는 기준

상속세는 상속재산이 있다고 해서 모든 상속인에게 부과되는 세금은 아니다. 상속세는 공제 영역이 있기 때문에 상속재산에서 세법에 따라 공제받은 이후에도 남는 재산이 있다면, 이때 상속세 납부 의무가 발생한다.

상속세 공제에서 가장 큰 공제는 일괄 공제 5억 원과 배우자 공제 5억 원 정도이다. 특히 배우자 공제는 최대 30억 원까지 되므로, 그 공제 한도가 큰 편이다. 증여재산이 없다는 가정하에 상속재산만 있다고 하자. 그러면 배우자가 없는 경우 상속재산이 5억 원 미만이라면 상속세가 부과되지 않고, 배우자가 있는 경우 상속재산이 10억 원 미만이면 상속세가 부과되지 않는다.

이때 상속세 산출 세액은 과세표준에 세율을 곱하여 계산하는 것이며, 세율은 최저 10%부터 최고 50%까지의 5단계 초과누진세율로 적용된다.

과세표준	세율	누진공제
1억 원 이하	10%	–
1억 원 초과 ~ 5억 원 이하	20%	1천만 원
5억 원 초과 ~ 10억 원 이하	30%	6천만 원
10억 원 초과 ~ 30억 원 이하	40%	1억 6천만 원
30억 원 초과	50%	4억 6천만 원

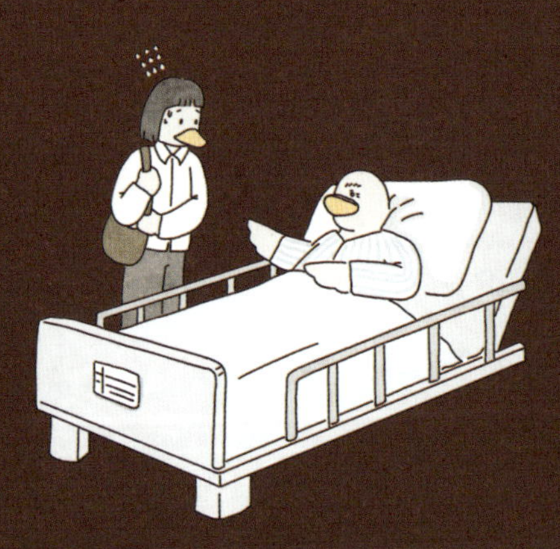

CHAPTER 2

빚도
상속이
된다고요?!

제가 죽으면 제 빚은 어떻게 되나요?

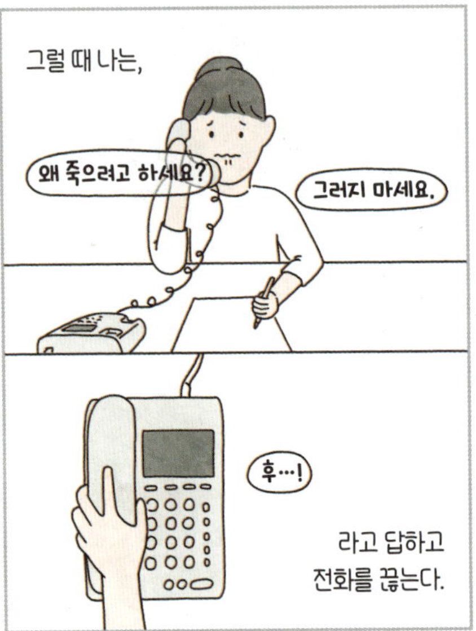

유언이 된 전화 한 통

상속전문변호사로서 무척 난감한 전화를 받을 때가 있다.

"제가 빚이 많은데요, 제가 죽어도 딸들한테 빚이 상속되지 않을 방법이 있을까요?"

나는 이 사람도 빚이 많아서 죽고 싶은 사람일 거라고 생각했다. 그래서 늘 그랬듯이 죽지 말고 맘을 굳게 먹으라고 다독였다.

"아뇨, 죽으려는 게 아니고, 제가 지금 암 말기라서 자녀들이 걱정되어서 그래요."

상속은 재산만 받는 것이 아니다. 빚도 받게 된다. 그렇다 보니 죽음을 목전에 둔 중년의 어머니는 자녀들에 대한 걱정으로 내게 전화를 했다. 죽음을 앞둔 상황에서도 자녀들 걱정이 앞선 그 마음이 느껴져 가슴이 찡하게 울려왔다.

"만약에라도 선생님이 돌아가시면, 자녀들이 한정승인과 상속포기를 하면 되니까 너무 걱정하지 마시고 건강에만 신경 쓰세요."

"그러면 제가 변호사님만 믿고 딸들한테 변호사님 명함을 줄게요. 잘 부탁합니다!"

몸이 아파도 빚부터 걱정해야 하는 그분의 삶의 무게를 가늠할 수 없어서 전화를 끊고도 마음이 좋지 않았다. 그리고 한두 달쯤 지났을까, 한 통의 전화가 왔다.

"변호사님, 엄마가 돌아가시며 변호사님 명함을 주셨어요."

문득 그 전화가 생각났다.

"혹시 그 암 말기라고 하셨던 분이요? 결국……."

"네, 맞아요. 돌아가셨어요."

그렇게 그분은 나를 믿고 돌아가셨다. 그리고 난 그분과의 약속대로 딸들이 빚을 상속받지 않도록 했다. 그 일 이후에도 비슷한 전화가 많이 온다.

"아버지가 위독하신데 빚이 많아요. 제가 할 일이 무엇인가요?", "내가 빚이 많은데 미리 상속포기를 시킬 수는 없나요?"

그럴 때마다 그분의 마지막 유언이 나였다는 사실에서 느껴지는 무게감, 그리고 "너무 걱정하지 마세요." 하는 내 말을 믿고 편히 눈을 감은 그분들에 대한 왠지 모를 책임감이 생긴다. 그래서 자녀들에게 전화가 오면 이렇게 위로의 말을 전한다.

"부모님이 돌아가신 후 잘 애도하고, 그 이후에 전화해도 늦지 않으세요. 돌아가신 부모님의 돈을 쓰지만 말고, 전화를 다시 주세요. 그리고 지금은 잘 보내드리세요."

오늘도 그분의 간절한 부탁을 마음속에 새겨본다.

사실 빚을 자녀에게 상속하고 싶지 않았던 그분의 간절한 바람을 이룰 수 있었던 것은 상속포기와 한정승인이란 제도 덕분이다. 이제부터 상속포기와 한정승인에 대하여 알아보자.

상속이 개시된다는 것은 피상속인의 권리와 의무가 모두 승계된다는 뜻이다. 그래서 상속인이 되면 피상속인의 재산뿐만 아니라 빚도 상속된다. 그렇지만 상속인 입장에서 빚이 상속된다는 것은 억울한 일이다. 이때 상속포기와 한정승인이란 제도를 활용하면 상속인은 피상속인의 빚을 상속인의 고유재산에서 변제하는 일은 없다.

상속포기란 말 그대로 상속인의 자격을 포기하는 것이다. 상속포기를 한 상속인은 피상속인의 권리와 의무도 모두 포기하는 것이기 때문에 피상속인의 적극재산뿐만 아니라 채무도 모두 포기할 수 있다.

> **【민법】**
>
> **제1041조 (포기의 방식)**
>
> 상속인이 상속을 포기할 때는 제1019소 세1항의 기간 내에 가정법원에 포기의 신고를 하여야 한다.

한정승인은 상속인의 자격을 유지하기 때문에 피상속인의 권리와 의무를 모두 승계하기는 하지만 그 범위의 한도가 정해지는 것이다. 한정승인을 한 상속인은 피상속인의 빚을 변제할 의무는 있으나, 그 의무가 피상속인의 재산으로 한정된다. 만약 피상속인이 재산은 100만 원인데 채무가 1억 원이라고 하면, 한정승인을 한 상속인은 1억 원을 변제할 의무가 있다. 하지만 이를 상속재산인 100만 원의 한도 내에서만 변제하면 된다.

그런데 상속인들은 피상속인이 살아 생전에는 빚이 많은지 혹은 재산이 많은지 알 수가 없다. 하지만 고인이 사망하고 나면 상속인들은 안심상속원스톱 서비스 제도를 활용하여, 고인의 재산부터 빚까지 모두 조회할 수 있다.

내가 상속인이 되었다면 안심상속원스톱 서비스를 활용하여서 고인의 재산과 부채 상황을 파악하고, 만약 부채가 더 많은 상황이라면 상속포기와 한정승인 중 하나의 제도를 활용하면 된다. 그러니 내가 빚을 상속받는 상속인이 되었다고 걱정하지 말자. 상속포기나 한정승인이란 제도를 이용하면 빚을 대물림하지 않을 수 있다.

대물림되는 빚의 굴레

어린 시절,
아빠와 보낸 시간이 많지 않다.

택시 운전을 하시던 아빠는
집에 들어오는 날이 거의 없었다.
어~ 오늘은 어디라고?

엄마는 항상 아빠를 찾으러 다니기에 바빴다.
돼지남남
택시가 왜 여기 있어?
아 양반이 진짜….
전화도 안 받고….

아빠는 어느 날에는 화투를 치고 있었고,
어떤 날은 다른 여자와 놀러 갔으며,
또 다른 날에는 기사식당 뒤
작은 방에서 술에 취해
자고 있었다.

아빠를 찾으러 다닌 날이면,
엄마는 자는 나를 꼭 끌어안고
눈물을 흘렸다.

엄마가 너무 슬프게 울어서,
나는 계속 자는 척을 했다.

내가 중학생이 되고, 어느 날이었다.

있잖아….

엄마, 아빠랑 갈라설까?

응, 엄마, 아빠랑
같이 살지 말자.

나는 당연히 엄마와 살게 되었고,
그 이후로 아빠를 잊고 살았다.

아빠도 우리를 찾아오지 않았다.
물론, 양육비도 전혀 주지 않았다.

엄마와 나는 평온하고 행복하게 살았다.
나는 작은 동네 미용실을 개업했고

세월이 흘러 나도 한 아이의
엄마가 되니 엄마가 얼마나 힘들게
살아왔는지 더 실감 났다.
그럴수록 엄마에게 더 잘해드리고 싶었다.

그러던 어느 날 한 통의 전화가 왔다.

20년 넘게 연락 한 번 하지 않은 아빠였다.
아빠가 위독하다는 전화를 받고,
가야 할지 고민했다.
그래도 아빠니까
한번 가 봐….
엄마, 어쩌지?

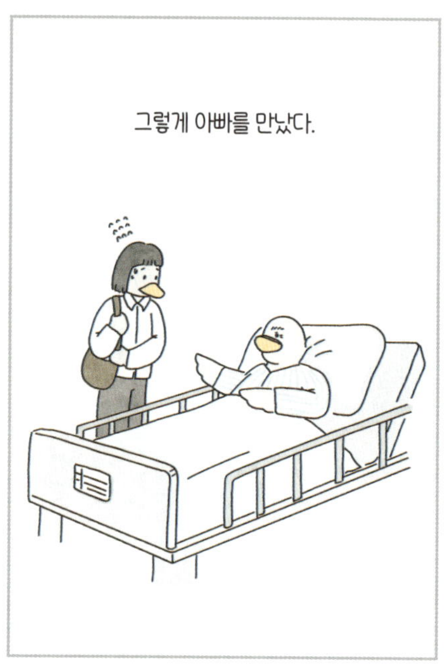

그렇게 아빠를 만났다.

그리고 며칠 후, 아빠는 돌아가셨다.

아버지 장례는
당연히 딸이 해드려야지.
병원비도 나왔으니까,
그것도 얼른 내고.
네….

왜 내가 해야 하는지 잘 이해되지 않았지만,
그저 자식이라는 도리로 했다.

난 아버지에 관해 아는 것이 없었기 때문에
아버지의 재산을 확인하고자
안심상속원스톱 서비스를 신청했다.

역시 내가 아는 아버지는 변하지 않았다.

나는 무서운 마음에
급히 상속포기를 했다.

그리고 며칠 뒤
따르릉
따르릉
하….
네, 여보세요.
야!

이 미친 X아!
너 상속포기를 했니?

네, 고모.

고모는 통화 내내
끊임없이 욕을 했다.
나쁜 X!
니 아빠, 니가 책임져야지!
왜 나한테 빚을 책임지라는 거야!

네 아들이 책임지게 해!
안 그러면 너, 죽여버릴 거야.

변호사님,
저는 이미 상속포기를 했는데,
뭘 어떻게 해야 할까요?

아드님이 너무 어려서 한정승인을
하는 것은 추천하지 않는데요.
혹시 그 이후에도 계속 전화가 오나요?
네, 욕을 너무 많이 해서 힘들어요.
엄마, 울어?

평생을 내게 해준 게 없는 사람인데,
왜 마지막까지 이러는지 모르겠어요.

빚 앞에 선 상속인의 선택

요즘 부의 대물림이란 말과 함께 가난도 대물림된다는 말이 있다. 상속을 전문으로 하는 나로서는 슬프고도 불편한 이 말에 공감한다. 누군가는 부모님이 물려준 빌딩으로 평생을 사는 자가 있는 반면, 누군가는 부모님이 돌아가신 후 빚 독촉에 시달려 이를 막기 위하여 법률 상담을 오는 자가 있으니까 말이다.

그래도 상속전문변호사로서 부의 대물림을 선물해줄 수는 없지만, 빚의 대물림은 막아줄 수 있다. 빚이 상속된 상속인은 가정법원을 통해 상속포기 혹은 한정승인 결정을 받아 빚의 대물림을 끊어낼 수 있기 때문이다.

그렇다면 빚의 굴레를 끊어내기 위해서는 상속포기를 해야 하는 걸까 아니면, 한정승인을 해야 하는 걸까? 사실 빚 상속을 상담하러 오는 의뢰인들 또한 이 두 가지를 제일 많이 물어본다.

쉽게 생각하면 상속포기가 깔끔한 선택일 것 같지만, 선순위 상속인이 상속을 포기하면, 4순위 상속인까지 모두 상속을 포기해야 하는 문제가 발생한다. 즉 자녀들이 상속을 포기하면 피상속인의 형제·자매를 비롯한 친척들이 줄줄이 상속을 포기해야 하기에, 자녀들 입장에서는 친척들의 비난을 견뎌낸다는 것이 쉽지 않다.

그렇다고 한정승인을 하자니 한정승인은 상속재산에 한정해서 상속채무를 변제하는 절차 즉 청산 절차를 진행하기 때문에 그 절차의 복잡성으로 선뜻 선택하기가 쉽지는 않다.

그녀도 그랬다. 아버지를 전혀 보고 살지 않았던 터라 아버지의 생활이 어떠했는지 알지도 못하는 상황에서 상속포기를 해야 할지, 한정승인을 해야 할지 난감했다. 그때 난 그녀가 아버지의 재산을 알지 못했기 때문에 청산 절차가 불가능할 것이라고 생각하여 상속포기를 권했다.

그리고 "상속포기를 한다고 하면, 친척들의 비난이 엄청날 것이다."라는 이야기도 빼놓지 않았다. 물론 내 예상대로 그녀는 친척들로부터 쌍욕까지 들었다고 한다. 하지만 상속포기는 상속인의 권리 중 하나로 충분히 선택할 수 있는 방법이다.

다만 통상적으로 상속전문변호사는 그녀와 같은 특수한 상황이 아니라면, 공동상속인 중 한 명이 한정승인을 하고, 나머지 상속인들에게는 상속포기를 할 것을 권하는 경우가 많다. 즉, 아버지가 사망하여 어머니와 자녀 두 명이 상속인이 된다면 자녀 한 명이 한정승인을, 어머니와 다른 자녀 한 명은 상속포기를 하라고 하는 것이다.

빚이 상속된다면 언제 상속포기를, 언제 한정승인을 하는 것인지 알아보자.

✅ 선순위 상속인 중 한 명이 한정승인, 나머지는 상속포기

빚이 상속된다고 하면, 단순히 상속포기만 하면 된다고 생각할 수 있다. 하지만 실제로 빚이 상속되어 찾아오는 사람들에게 나는 "선순위 상속인이라면 한정승인을 해라."라고 권한다. 이는 선순위 상속인이 상속포기를 하면, 후순위 상속인에게 상속채무변제의무가 상속되므로, 4순위 상속인까지 상속을 포기해야 하는 문제가 발생한다.

예를 들어, 아버지가 사망했을 때 자녀들이 상속을 포기하면, 아버지의 부모님으로 상속 순위가 넘어가고, 이후에는 아버지의 형제들에게 상속 순위가 넘어가게 된다.

채변의 법률 Tip

상속 순위

민법에 따른 상속 순위는 1순위 직계비속(자녀, 손자녀 등)과 배우자, 2순위 직계존속(부모, 조부모 등)과 배우자, 3순위 형제자매, 4순위 4촌 이내 방계혈족 순이다.

그렇다 보니 선순위 상속인이 상속을 포기하면, 후순위 상속인들 즉 친척들의 반발이 만만치 않은 데다 피상속인의 채권자들조차 남아있는 상속재산마저도 변제를 받지 못하게 되므로, 선순위 상속인들에게 지속적으로 문제를 해결할 것을 독촉하는 경우도 있다.

✅ 상속인 전원이 상속포기를 했을 때

상속인 전원이 상속을 포기하는 경우도 있다. 그래서 4순위 상속인들까지 모두 상속포기 결정을 받는 경우다.

예를 들어, 피상속인의 채무 상황을 전혀 알 수 없다거나 사채가 많아 이를 감당하기 어려울 때 상속인들은 상속포기를 선택하기도 한다. 특히 한정승인 후 청산 절차를 전혀 할 수 없는 특수한 상황에서도 상속인 전원이 상속포기를 한다.

✅ 상속포기, 한정승인 둘 중에 선택

피상속인 사망으로 빚을 상속받게 되었다면, 선순위 상속인 중 한 명이 한정승인을 하고, 다른 선순위 상속인들이 상속포기를 하는 경우가 제일 많다.

다만 피상속인의 재산 상황을 제대로 알 수 없고, 사채가 많아 한정승인 후 청산 절차 진행이 어려운 상황이라면, 상속인 전원이 상속포기를 하는 것도 하나의 방법이 될 수 있나.

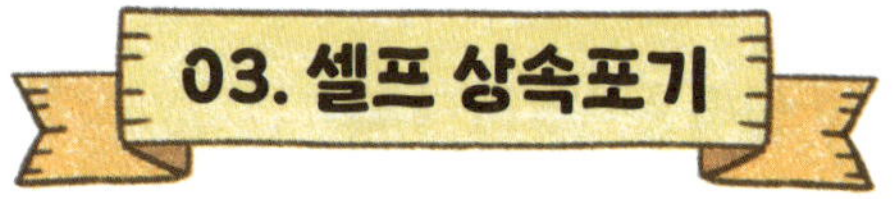

Dear My Daddy

다정한 아빠도 너무 좋다.
배부르지?
엄마랑 쉬고 있어!
아빠가 설거지할게.

아빠, 난 아빠랑 결혼할 거야~
하하하, 그래!
우리 딸, 아빠랑 꼭 결혼하자~!

우리 가족은 그렇게 평온한 일상을 보냈다.
아빠! 나 합격했어!
와, 우리 딸! 축하해!
이제 아빠랑 엄마랑 맥주 한 잔 같이 할까?
Beer

쾅!
아, 진짜! 회사 너무 힘들어!
하하하, 딸~ 뭐가 그렇게 힘들어?
그냥 그만 둬! 아빠가 도와줄게.
CHIKEN YAM
내 주위에 아빠 같은 사람은 왜 없나 몰라!

그러던 어느 날이었다.
우편 왔습니다.
OOO 씨 되시죠?
네~

엥?
이게 뭐야?
엄마, 이게 뭔지 알아?
법원
상속재산분할심판청구의 소
청구인 : OOO

엄마…?
왜 그래?
엄마가 잘못했어!

사실 내가 그렇게 좋아했던
나의 아빠는 친아빠가 아니었다.

엄마는 날 낳은 직후
친아빠와 헤어졌다고 했다.

그리고 엄마는 내가 막 걷기 시작한 무렵
지금의 아빠를 만났다고 했다.

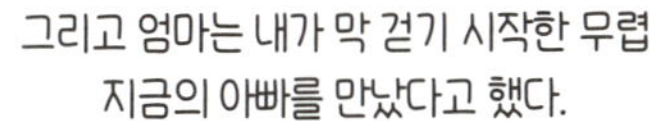

아빠가 날 너무나 사랑해주었기에
엄마는 내가 아빠의 아이가 되었으면 했다.

그래서 엄마는 날 친아빠의
호적에 두고, 재혼을 하면서
날 지금의 아빠 호적에도 올렸다.

그리고 친아빠도 재혼을 했다.

세월이 지나 친아빠가 돌아가시면서
그의 자녀들이 호적에 있는 나를 찾기 위해
상속재산분할심판을 제기한 것이다.

그렇게 난 이중호적자가 되었다.

딸….
변호사님, 저는 그럼 어떻게 하면 되나요?

지금 소장 기준으로도 재산은 상당한 것으로 보여요. 이 재산을 받고 싶은지 알려주셔야, 대응 방향을 정해요.

재산이고 뭐고 모르겠고, 전 호적을 정리하고 싶어요.
전 이 씨인가요? 김 씨인가요?

지금의 제도에서는 현재 호적이 잘못된 것이라서요.
호적을 변경해야 해요.

이중호적은 친부의 호적과
법률상 부의 호적에
모두 친자로 올라가서 생긴 문제이다.

그래서 호적 변경을 해야 하는데,
문제는 친부의 호적이 옳은 호적이기에
나는 김 씨에서 이 씨로
변경될 위기에 처했다.

며칠 뒤

끼-익
변호사님, 저 왔어요.
안타깝지만, 지금 가족 관계를 유지할 수 있는 방법은 없어요.
저 그럼 이제 성이 바뀌는 거예요?

지금 성을 유지하려면 친양자 입양일을 입증해서 가족관계를 변경하고, 성본 유지 신청을 해야 해요. 그러면 지금 동생분과 동일한 자격을 얻게 돼요.

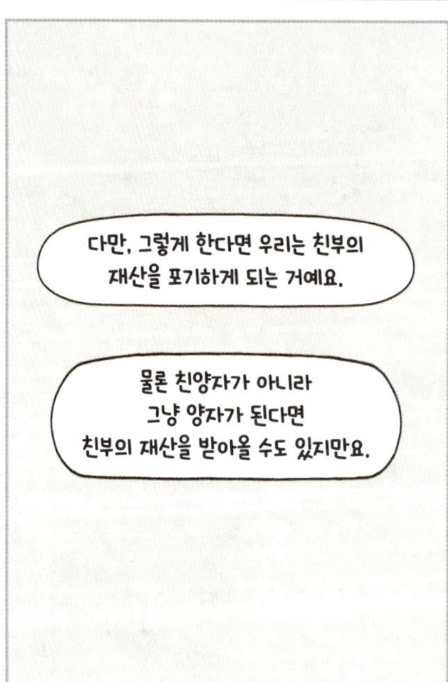

다만, 그렇게 한다면 우리는 친부의 재산을 포기하게 되는 거예요.
물론 친양자가 아니라 그냥 양자가 된다면 친부의 재산을 받아올 수도 있지만요.

톡
톡
꼼지락

저는 모르는 사람의 돈은
받고 싶지 않아요.

우리 아빠는…
제게 많은 것을 해주셨고,
전 지금이 좋아요.
아빠는 제가 하고 싶은 대로
하라고 하셨어요!

우리는 친양자입양관계를
형성하는 것으로 정정 절차를 진행했다.

상속재산분할심판에서는 친부의
자녀들에게 상속재산을
받을 생각이 없음을 알렸다.
대신 원활한 친양자 입양 처리를 위해
친부와 의뢰인 사이에 어떤 교류도
없었다는 점을 입증해 달라고 했다.

권리와 의무를 함께 내려놓는 선택

상속포기는 상속인의 자격을 완전히 포기하는 것이다. 그래서 상속 포기를 하면 상속인으로서 권리도 의무도 모두 없어진다. 그러면 상속 포기는 빚이 있을 때만 할 수 있는 절차일까? 이 부분에 대하여 많이들 오해하는데, 상속포기는 빚을 상속받을 때만 하는 것이 아니라 상속재 산이 남아있어도 이를 받고 싶지 않을 때 할 수 있다. 그런데도 문의하 는 분 중에 이렇게 오해하는 경우가 있다.

"변호사님, 아버지가 재산이 있는데 상속포기는 못하는 거지요?"

상속포기는 상속이 개시된 날로부터 3개월 안에 빚이 있든, 재산이 있든 상관없이 할 수 있다. 예를 들어, 자의든 타의든 부모님과 절연하 고 산 자녀 중에는 상속재산이 있음에도 이를 받을 마음이 없어서 상 속포기를 한다. 이때 상속인들과 상속재산분할협의를 하지 않고 상속 포기를 하면, 상속재산뿐만 아니라 채무 그리고 상속세 등의 세금 문 제에서도 완전히 벗어날 수 있다.

그래서 가정법원을 통한 상속포기 결정을 받는 것과 상속재산분할 협의를 통해 상속재산을 분할받지 않는 것은 완전히 다르다. 상속재산 분할협의를 통해 상속재산을 분할받지 않아도, 상속인의 권리와 의무 는 여전히 남아있다. 이에 반해 가정법원을 통해 상속포기 결정을 받 으면, 상속인의 권리와 의무가 모두 없어진다.

만약 피상속인의 상속재산이 있음에도, 어떤 사유로든 상속재산을 받고 싶지 않다면 권리만 포기하는 것보다는 의무도 포기하는 것이 상 속과 관련된 세금, 채무 등에서도 완전히 벗어날 수 있는 방법이다. 그러니 이럴 때는 가정법원을 통한 상속포기 결정을 받는 것이 좋다.

　상속포기는 상속인으로서의 자격을 완전히 포기하고 싶을 때 신청하는 것이기 때문에 상속포기에 필요한 서류를 잘 준비해서 절차에 맞게 진행하면 변호사나 법무사를 통하지 않아도 혼자 충분히 할 수 있다. 지금부터 상속포기 셀프 진행 시 해야 할 일과 조심해야 할 부분에 대하여 알아보자.

상속포기는 피상속인의 권리도 의무도 모두 승계받지 않겠다는 것으로 상속인이 아닌 제삼자가 되는 것을 말한다. 그래서 상속포기를 한 상속인은 피상속인의 재산도 채무도 모두 받을 수 없다.

✅ 상속포기의 기한

상속포기는 기한의 제한이 있다. 상속포기는 상속이 개시되는 것을 안 날로부터 3개월 이내에 해야 한다. 즉 피상속인이 사망한 날이 기준이 아니라, 피상속인이 사망했고 스스로가 상속인임을 알 날로부터 3개월 이내에 신청할 수 있다. 만약 피상속인과 연락하지 않고 지내서 피상속인의 사망 사실을 늦게 알았다면, 알게 된 날로부터 3개월 내 상속포기 신청을 하면 된다. 또한 후순위 상속인의 경우 선순위 상속인의 상속포기를 안 날 비로소 자신이 상속인이 되었음을 알 수 있기 때문에 그 사실을 안 날로부터 3개월 내에 상속포기 신청을 하면 된다.

여기서 '3개월'은 상속포기 신청을 하는 데까지의 기한이지 상속포기 결정을 받는 데까지의 기한이 아니니, 3개월 내에 상속포기 결정을 받아야 한다는 압박을 받지 않아도 된다.

✅ 상속포기 관할 법원

상속포기는 피상속인이 사망할 당시 마지막 주소를 관할하는 가정법원에 신청해야 한다. 이때 관할을 찾기가 어렵다면, '관할 법원 찾기(www.scourt.go.kr/region/location/RegionSearchListAction.work)' 서비스를 통해 해당 사이트에서 검색할 수 있다.

'관할 법원 찾기' 서비스

✅ 상속포기 시 준비해야 할 서류

상속포기를 하려면 피상속인의 서류와 상속인의 서류가 필요하다. 피상속인의 기본증명서(상세), 가족관계증명서(상세), 주민등록말소자등본 또는 초본이 필요하고, 상속인의 가족관계증명서(상세), 주민등록등본 또는 초본, 인감증명서가 필요하다. 상속인은 피상속인의 위 서류를 발급받을 수 있으니, 가까운 행정복지센터에서 자신의 서류를 발급받으면서 피상속인의 서류도 함께 발급받으면 된다.

상 속 재 산 포 기 심 판 청 구

청구인(상속인)　1. ○○○(주민등록번호)

　　　　　　　　주소　○○시 ○○구 ○○길 ○○(우편번호)

　　　　　　　　전화　○○○ － ○○○○

　　　　　　　2. □□□(주민등록번호)

　　　　　　　　주소　○○시 ○○구 ○○길 ○○(우편번호)

　　　　　　　　전화　○○○ － ○○○○

사건본인(사망자)　△△△(주민등록번호)

　　　　　　　　사망일자　20○○. ○. ○.

　　　　　　　　등록기준지　○○시 ○○구 ○○길 ○○

　　　　　　　　최후주소　○○시 ○○구 ○○길 ○○

상속재산 포기 심판청구

청 구 취 지

청구인들의 망 △△△에 대한 재산상속포기 신고는 이를 수리한다.
라는 심판을 구합니다.

청 구 원 인

청구인들은 피상속인 망 △△△의 재산상속인으로서 20○○. ○. ○. 상속
개시가 있음을 알았는 바, 민법 제1019조에 의하여 재산상속을 포기하고자
이 심판청구에 이른 것입니다.

첨부서류

1. 가족관계증명서(청구인들)   각 1통
1. 주민등록등본(청구인들)   각 1통
1. 인감증명서(청구인들)   각 1통
   (청구인이 미성년자인 경우 법정대리인(부모)의 인감증명서)
1. 기본증명서(망인)   1통
   (2008. 1. 1. 전에 피상속인이 사망한 경우에는 제적등본)
1. 가족관계증명서(망인)   1통
1. 주민등록말소자등본(망인)   1통
1. 가계도(직계비속이 아닌 경우)   1통

20〇〇년 〇월 〇일

청구인 1. 〇〇〇 (인감도장)
        2. □□□ (인감도장)

〇〇 가 정 법 원 귀중

아드님이 돌아가셨습니다

남편은 회사에서도
술만 마시면 난동을 부렸다.
야, 김과장!
니가 뭔데!
에헤이, 그만하게!
…
뭐, 임마!
…

그렇게 남편은
몇 차례 회사를 옮겨 다니다가
직장 생활을 포기했다.

직장 생활을 포기한 남편은
매일 술을 마셨다.

그리고 나를 때렸다.
내가 되는 일이 없잖아!
네가 재수가 없으니까!

나는 신발도 신지 않고,
짐 하나 챙기지 못하고
집을 도망쳐 나왔다.

그리고 난
내 아이도 두고 나왔다….

나는 친구 집으로 찾아갔다.

아이는 데리고 나올 거야?
응, 그래야지.
처음에는 친구 집에서
며칠 쉰 후에 아이를 몰래
데리고 올 생각이었다.

너, 잘 곳은 있어?
아니, 없어….
잘 곳도 없는데 아이를
어떻게 데리고 오려고 해.
…

집에 들어갈 거 아니면
아이는 버려.
뭐라고? 내 아들을
어떻게 버리라는 거야?
그렇게는 못해…. 그러면
그냥 집에 들어가야겠어.

나는 밤새 고민했다.

고민하고,
고민하고,
또 고민했다.

하지만 그 집에 다시 갈 수 없었다.
너무 무서워….
다시 가고 싶지 않아….

매일 맞았던 기억이
내 발목을 잡았다.
그렇게 내 소중한 아이를 버렸다.

하지만 아이를 잊지는 않았다.
빨리 돈을 벌어서 아이를 데려오려고 했다.

정말 악착같이 돈을 모았다.
하지만 아이와 함께 살 집 마련은 어려웠다.

그러던 어느 날이었다.
돈이 생각만큼 잘 안 모이지?
아이 빨리 데리고 오고 싶지 않아?
내가 도와줄게.

식당에서 함께 일하던
언니가 날 도와준다고 했다.
여기가 다 개발된다고 하더라고.
여기 투자만 하면 2배, 3배는
수익이 나는 거라….
속닥
속닥

언니, 이렇게 좋은 걸 저한테
소개해 줘도 되는 거예요?
그럼! 식당에서 늘 성실하잖아.
그리고 네가 정말 내 동생 같아서 그래.

나는 언니의 말을 믿고
부동산에 투자했다.

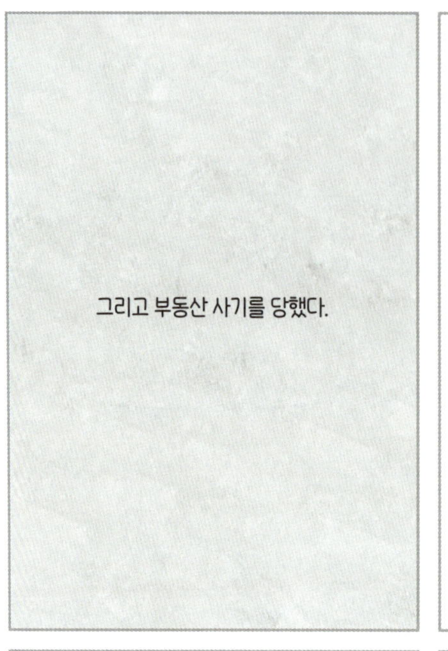

그리고 부동산 사기를 당했다.

난 그 후에도 몇 차례의
사기를 더 당하고 나서야
정신을 차렸다.

그렇게 시간이 흘러가는 동안
2003
1
한 번도 내 아이를 보지 못했다.

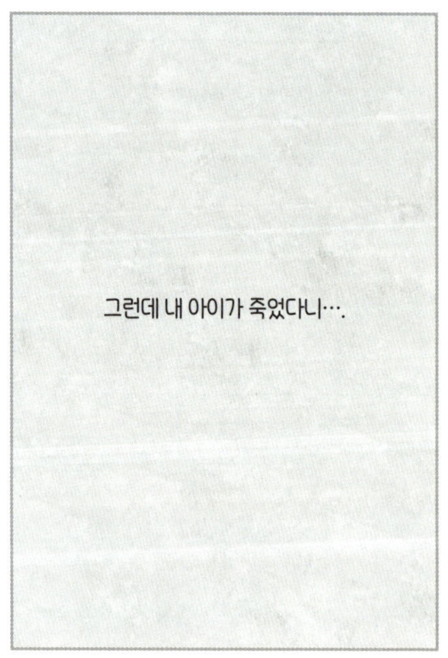

그런데 내 아이가 죽었다니….

아들의 장례를 치러 주고 싶었지만,
나는 여전히 돈이 없었다.
나는 기초생활수급자였기 때문이다.

전화를 끊고 한없이 울었다.

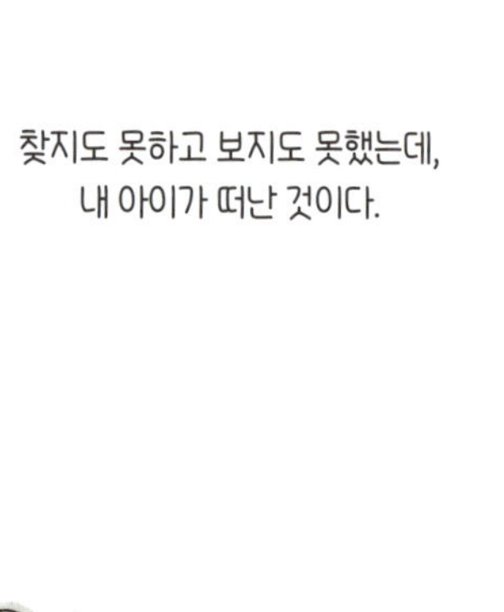

찾지도 못하고 보지도 못했는데,
내 아이가 떠난 것이다.

그 뒤 안심상속원스톱 서비스를 통해
아이의 재산을 확인했다.
아이에게는 빚이 있었고,
나는 한정승인을 진행할 수밖에 없었다.

아이의 빚을 모두 갚고 나니
100만 원 정도 돈이 남았다.
하지만 난 내 아이의 마지막 돈을
가질 수 없었다. 내 아이의 마지막도
잘 보내주지 못했으니까….
Maru Bank

우리가 함부로 판단할 수 없는 것들

이 사연을 인스타에 소개했을 때, 정말 많은 비난의 댓글이 달렸다. 댓글의 대부분은 '어떻게 자녀를 버릴 수 있냐, 자녀의 장례식도 치르지 않는 부모는 부모가 아니다. 자기 살라고 한정승인을 한 게 어머니냐?' 등 장례를 치르지 않은 어머니를 비난하는 내용이었다.

당시 난 사연을 제대로 소개하지 못한 것 같은 죄책감이 들어 웹툰이 올라가는 내내 마음이 좋지 않았다. 그래서 이 책에도 웹툰을 소개하는 것이 맞는 일일까 많이 고민했다.

그런데도 여기서 다시 한번 이 사연을 소개하는 이유는 내가 만났던 자녀를 잃은 그 어머니는 무작정 비난받을 만한 사람이 아니었음을 꼭 말해 주고 싶어서다. 그 어머니는 자녀를 버린 잘못도, 장례를 치르지 못한 것에 대한 미안함도 모르는 사람이 아니었다.

그녀는 작고 초라한 모습으로 나를 찾아왔다. 국가에서 제공하는 장례비 지원 절차가 있는지조차 제대로 알지 못하고, 하루 벌어 하루를 먹고 사는 힘겨운 사람이었다. 그녀는 자녀가 남긴 금융재산이 있었음에도, 그 돈을 찾으러 은행에 가지 않았다. 그녀의 한 달치 월급이 넘는 금액이었는데도 말이다.

"애가 어떻게 살았나 궁금해서 주민등록에 있는 집들을 찾아다녔어요."

"애 돈을 제가 어떻게 찾아요. 제가 무슨 자격으로요."

물론 댓글의 내용처럼 부모로서 아이를 끝까지 책임졌으면 얼마나 좋았을까? 그랬다면 그 아이가 지금처럼 홀로 외롭게 세상을 떠나는 일은 없었을지도 모른다. 하지만 세상에 백 명의 사람이 있다면, 백 가지의 삶이 있는 것이 아닐까? 어린 자녀를 두고 떠난 어머니를 원망하고 비난할 수 있는 사람은 그 자녀뿐, 그 어머니의 삶을 비난할 수 있는 사람은 없다. 우리가 그 사람의 삶을 살아보지 않았고, 그 상황에서 우리 역시 다른 선택을 했을 것이라고 확신할 수 없기 때문이다.

다시 말해, 그들이 자녀의 빚을 받지 않기 위하여 한정승인을 한 것은 비난받을 일이 아니라는 것이다. 한정승인은 상속인의 권리이고, 자신의 빚으로도 근근이 살아가는 이들에게 없어서는 안 될 제도이다.

지금부터 한정승인 결정을 받는 것부터 청산 절차를 진행하는 부분까지 자세히 알아보자.

한정승인은 상속포기와 동일하게 상속 개시가 있음을 안 날로부터 3개월 이내에 해야 한다. 상속포기는 피상속인과 상속인의 기본 서류만 잘 제출하여 신청하면 상속포기 결정이 나오지만, 한정승인은 상속재산에 한정하여 상속빚을 변제해야 하는 제도이다 보니 그 절차가 다소 복잡하다.

첫째, 한정승인 신청 시 재산 목록을 작성해야 한다. 이때 재산 목록은 상속 개시 당시 피상속인의 재산과 채무 모두를 기재하여야 한다.

둘째, 피상속인이 사망할 당시 마지막 주소지 관할의 가정법원에 한정승인 신정을 해야 한다.

이때 상속포기 시에 필요한 서류와 동일하게 피상속인의 기본증명서(상세), 가족관계증명서(상세), 주민등록말소자 등본 또는 초본이 필요하고, 상속인의 가족

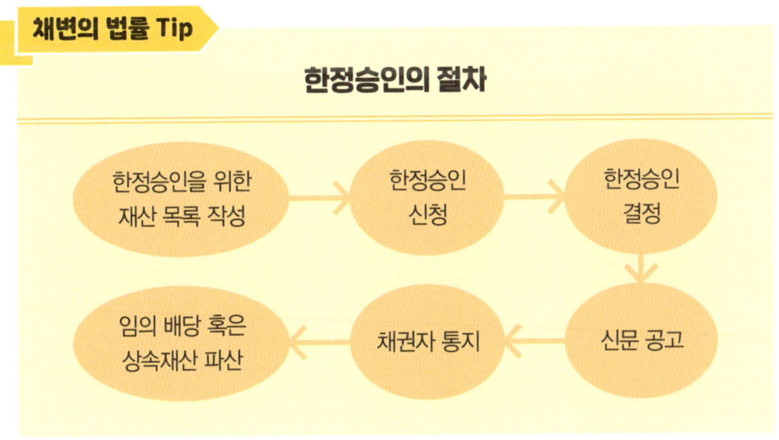

관계증명서(상세), 주민등록등본 또는 초본, 인감증명서를 제출해야 한다. 또한 한정승인 신청을 위하여 작성한 재산 목록표와 그 재산 목록을 소명할 수 있는 자료를 함께 제출한다.

셋째, 한정승인 결정을 받고 나면, 신문 공고를 해야 한다. 신문 공고는 피상속인이 사망했고, 한정승인 결정을 받았다는 사실을 공고하는 것이다. 쉽게 말해 "내가 모르는 피상속인의 채권자님들아! 나는 한정승인했으니까 피상속인의 빚이 있으면 내게 알려줘."라는 뜻이다.

신문 공고는 한정승인을 하는 상속인이 청산 절차를 모두 마치고 난 이후 피상속인의 채권자들이 나타났을 때, 채권자들이 스스로 피상속인에 대한 채권 행사를 안 해서 생긴 문제이니 더는 책임질 수 없다고 말할 수 있도록 하는 것이다. 그러니 한정승인 결정문을 받았다면, 반드시 신문 공고는 하여야 한다.

넷째, 한정승인 결정을 받았고 신문 공고를 마쳤다면, 한정승인을 한 상속인은 청산 절차를 진행해야 한다. 청산 절차라고 하면 어렵지만 속된 말로 '빚잔치'라고 보면 된다. 즉 피상속인의 재산 한도 내에서 빚을 변제해야 하니, 그 변제 절차를 진행하는 것이 바로 청산 절차이다.

청산 절차는 크게 배당을 하지 않아도 되는 경우와 배당을 해야 하는 경우로 나뉜다. 배당하지 않는 경우는 피상속인의 재산이 0원으로 사실상 배당할 수 없는 경우다. 사실 피상속인의 재산이 정확히 0원인 경우는 거의 없으나, 상속 비용이라 할 수 있는 장례비 등의 공제가 이루어지고 나면, 재산이 전혀 없는 경우가 있다. 이럴 때 상속재산이 0원이라고 보면 된다.

반대로 배당하는 경우는 피상속인의 재산이 조금이라도 남아있는 경우로, 이때는 임의 배당과 상속재산 파산 중 선택하여 진행하면 된다. 임의 배당은 상속인이 스스로 배당하는 절차이고, 상속재산 파산은 법원의 도움을 받아 법원의 파산관재인이 주관하여 피상속인의 재산을 나누어주는 절차라고 보면 된다.

상 속 한 정 승 인 심 판 청 구

청구인(상속인) 1. ○○○(주민등록번호)

　　　　　　　주소 ○○시 ○○구 ○○길 ○○(우편번호)

　　　　　　　전화 ○○○ － ○○○○

　　　　　　　2. □□□(주민등록번호)

　　　　　　　주소 ○○시 ○○구 ○○길 ○○(우편번호)

　　　　　　　전화 ○○○ － ○○○○

사건본인(사망자) △△△(주민등록번호)

　　　　　　　사망일자 20○○. ○. ○.

　　　　　　　등록기준지 ○○시 ○○구 ○○길 ○○

　　　　　　　최후주소 ○○시 ○○구 ○○길 ○○

청 구 취 지

청구인들이 피상속인 망 △△△의 재산상속을 함에 있어 별지 상속재산 목록을 첨부하여서 한 한정승인 신고는 이를 수락한다.

라는 심판을 구합니다.

청 구 원 인

청구인 ○○○은 피상속인 망 △△△의 장남이고, □□□은 피상속인 망 △△△의 차남입니다. 피상속인 망 △△△은 20○○년 ○월 ○일에 최후 주소지에서 사망하고, 청구인들은 상속이 개시된 것을 알았으나 피상속인 은 사업 실패로 인하여 많은 채무를 가지고 있고 피상속인이 남긴 상속재산은 별지 목록 표시의 재산밖에 없으므로, 청구인들은 피상속인이 진 부채를 변제할 능력이 없으니 청구인들이 상속으로 인하여 얻은 별지 목록 표시 상속재산의 한도에서 피상속인의 채무를 변제할 것을 조건으로 한정승인하고자 이 심판청구에 이른 것입니다.

첨 부 서 류

1. 가족관계증명서(청구인들)　　　　　　　　각 1통
1. 주민등록등본(청구인들)　　　　　　　　　각 1통
1. 인감증명서(청구인들)　　　　　　　　　　각 1통
   (청구인이 미성년자인 경우 법정대리인(부모)의 인감증명서)
1. 기본증명서(망인)　　　　　　　　　　　　1통
   (단, 2008. 1. 1. 전에 사망한 경우에는 제적등본)
1. 상속관계를 확인할 수 있는 피상속인(망인)의 가족관계증명서
   (기타가족관계등록사항별증명서) 또는 제적등본
1. 말소된 주민등록등본(망인)　　　　　　　　1통
1. 가계도(직계비속이 아닌 경우)　　　　　　　1통
1. 상속재산 목록(청구인 수 + 1통)　　　　　　1통

20○○년 ○월 ○일

청구인　1. ○○○　(인감도장)
　　　　2. □□□　(인감도장)

○○ 가 정 법 원 　귀중

사장님이 돌아가셨어요

회사를 운영하시던 아버지가 돌아가셨다.
회사의 직원들은 아버지의 죽음을 애도했다.

그들은 나와 함께 슬퍼해 주었다.
사장님 너무 좋으신 분이신데….
저희도 이렇게 슬픈데 가족분들은 어떻겠어요.

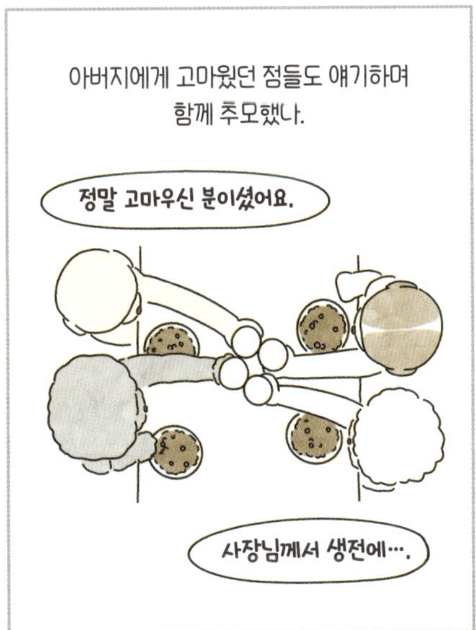

아버지에게 고마웠던 점들도 얘기하며 함께 추모했다.
정말 고마우신 분이셨어요.
사장님께서 생전에….

하지만 우리는 빚이 많았다.
결국 어쩔 수 없이 한정승인을 말하게 되었다.
죄송한데, 저희가 빚이 많아서 한정승인으로….
*한정승인 : 상속재산에 한정에서만 상속빚을 변제하겠다는 것.

그러자 직원들이 돌변했다.
제 월급은
어떻게 되는 건가요?
연차수당은요?
퇴직금은
주실 수 있는 건가요?
언제 주실 건가요?

유족이 책임을 져야지
왜 이렇게 무책임한 거예요?
월급부터 줘요!
노동청에 신고하겠어요!
월급이, 퇴직금이 그들의 생계에
직결됨을 모르는 것은 아니다.

하지만 유족들은 아버지를
떠나보낼 시간도 없이
감당하기 힘든 비난을 받는다.

그렇게 유족들은 자신의
아버지를 존경한다던, 고마워한다던,
안타깝다던 사람들에게 상처를 받는다.

보호받는 권리와 상처받는 마음

빚을 상속받고 싶은 사람은 아무도 없다. 하지만 한정승인이나 상속 포기 결정을 통해 상속인이 빚을 완전히 변제하지 못하면, 채권자들로부터 무작위로 비난을 받고는 한다. 그래서 우리 로펌에는 상속포기나 한정승인을 한 의뢰인들에게 화가 난 채권자들의 전화가 종종 오곤 한다.

"상속인들이 무책임하게 말이야!"

"빌린 돈을 다 같이 쓴 것이 아냐?!"

한정승인은 상속재산에 한정에서 상속채무를 변제하겠다는 것이기는 하지만, 남은 상속재산이 없다면 상속채무를 전혀 갚지 않는 것이나 마찬가지다. 그래서 배당할 것이 없다는 통지를 한 로펌에 잔뜩 화풀이를 한다.

물론 자신이 열심히 번 돈을 좋은 마음으로 빌려주었다가, 이를 받지 못하는 사람들의 심정을 이해하지 못하는 것은 아니다. 특히 자신이 회사를 위해서 열심히 일했는데, 회사 대표가 사망하여 월급을 받지 못하는 것은 물론 한순간 직장까지 잃었을 때 그 허망한 심정은 감히 헤아린다고 말할 수도 없다.

하지만 늘 피상속인과 함께했던 직원들, 가장 가까웠던 피상속인의 친구들이 피상속인의 죽음보다는 자신의 돈을 어떻게 갚을 것이냐고 따져 물을 때, 상속인들은 그들의 심정을 이해하려고 하지만 야속한 마음이 드는 것은 어쩔 수가 없다.

그래서 한정승인을 한 상속인들은 절차를 진행하는 동안 "변호사님,

대체 언제 마칠 수 있는 걸까요. 한정승인만 하면 다 해결될 줄 알았어요."라면서 괴로움을 토로한다.

그럴 때 난 "아무리 제도로 보호된다고 하더라도 채권자들 입장에서는 갑자기 돈을 받을 방법이 없다 보니 어쩔 수 없는 것 같아요. 남의 돈을 안 갚는다는 것이 쉽지 않다고 생각하세요."라며 한정승인 이후 아무 일도 없이 끝날 수 없음을 설명한다.

심지어 채권자들은 한정승인 소식을 들으면 피상속인의 재산보다 채무가 더 많다는 사실을 공공연히 인지하게 되고, 자신의 돈을 조금이라도 보전하기 위하여 소송을 제기하기도 한다. 그렇지만 한정승인 결정은 빚에 대한 연좌제를 막겠다는 입법자의 결단이기에, 한정승인 결정을 받은 상속인이 자신의 재산으로 피상속인의 빚을 갚는 일은 없다고 봐야 한다.

그렇다면 한정승인 결정을 받은 상속인이 소장을 받았을 때, 어떻게 해결해야 할까?

상속포기 결정을 받으면 모든 것이 끝났다고 생각하는 상속인들이 있다. 그리고 한정승인 결정을 받고 청산 절차까지 마치면, 이제 더는 피상속인의 빚으로 걱정하지 않는다고 생각하는 상속인들도 있다. 하지만 안심할 수 없는 부분이 있다. 바로 피상속인의 채권자들이 소송을 제기하는 경우다.

피상속인의 채권자들은 피상속인의 사망 사실을 모르거나 알더라도 한정승인 사실을 몰라서 혹은 소멸시효 연장을 위해서 등 여러 이유로 소송을 제기한다. 이때 상속포기 혹은 한정승인을 한 상속인은 위 소장을 받은 날로부터 30일 이내에 상속포기 혹은 한정승인 결정을 받았다는 사실을 법원에 제출해야 한다.

민사소송은 피고가 그 소장을 송달받고 30일 이내 답변하지 않으면, 무변론 원고 승소 판결 즉 원고의 청구를 모두 인정해 준다. 특히 상속포기 결정을 받은 상속인은 그 결정문이라도 소송이 제기된 법원에 제출해야 하는데, 그렇지 않아 빚을 변제하라는 판결을 받게 되면, 그 빚은 갚아야 하는 채무로 바뀐다. 상속포기 결정을 받은 상속인이 위 판결을 받은 이후에는 빚을 변제하지 않을 방법이 없으니 꼭 주의해야 한다.

한정승인 결정을 받은 상속인은 해당 법원에 한정승인 결정문을 제출하면서, 한정승인 결정을 받은 사실과 함께 '피상속인 망 OO의 재산 한도 내에서 변제해야 한다.'라는 내용으로 답변서를 제출하는 것이 좋다. 만약 청산 절차까지 마친 상황이라면 그 배당표도 함께 제출하여, 향후 불필요한 논쟁을 피하도록 하자. 또한 답변서 양식은 인터넷에서 검색해 나오는 어떤 양식으로 해도 무방하다.

답 변 서

사건번호 20 가단   호

원고 홍길동

피고 성춘향

위 사건에 관하여 피고는 다음과 같이 답변합니다.

청구 취지에 대한 답변

1. 피고는 원고에게 피상속인 망 성○○의 상속재산 범위 내에서
　 ○○○원을 지급하라.
2. 소송비용은 각자 부담한다.
　 라는 판결을 구합니다.

청구 원인에 대한 답변

피고는 피상속인 망 ○○○의 상속재산과 관련하여 한정승인 결정을 받았습니다. 이에 피고는 원고의 피상속인의 채무에 관하여 피상속인의 상속재산에 한정하여 변제할 의무가 있으니, 답변서의 취지대로 판결을 부탁드립니다.

입 증 방 법

1. 을 제1호증　　　　　　 한정승인 결정문

20○○년 ○월 ○일

피고 ○○○

○○ 지방법원 귀중

06. 재산과 채무가 불확실할 때

내 남편을 믿어요

남편을 잃었다.

대학교 시절부터 20년 넘게 함께 지내온
나의 친구이자 나의 남편,
내 아이들의 아빠.
그가 갑자기 세상을 등졌다.

그날 오후에도 우리는 함께
점심을 먹으러 갔었다.
자기는 점심 안 먹어?
응, 나는 먹고 왔어.
얼른 먹어.
나는 남편이 점심을 먹었다는 말을 믿었다.
그게 마지막으로 보는 순간인지도 모른 채.

혹시 ○○○ 님 아내분이실까요?
여기 경찰서입니다.
경찰서

나는 갑작스러운 남편의 죽음을
받아들이기 어려웠다.

아직 어린 우리 아이들은 어떻게 해야 할까?
난 이제 혼자 어떻게 살아야 할까?

내 남편은 왜 떠났을까?

장례를 치르는 동안,
남편의 죽음이 내 탓 같다는 미안한 마음과
갑작스럽게 떠난 남편에 대한 원망으로
남편을 어떻게 보냈는지 잘 모르겠다.

며칠이 지난
어느 날이었다.

그래, 아가. 밥은 먹었니?
나도 아직 믿기지가 않는구나.

네….

네, 어머님.

아가, 나라도 정신을
차리려고 이야기한다.
아무래도 네가… 상속포기를
해야 할 것 같구나.

네?

남편은 시어머니가
운영하는 회사에 다녔다.
시어머니는 내게 남편이
횡령을 했다고 말했다.

남편은 시어머니를 대신해
궂은일을 다 하고
재정도 모두 관리했다.

그런데 그런 내 착한 남편이
횡령을 했다고?
믿을 수가 없었다.

늘 어머님의 말씀에 따라 움직였던 남편인데
회삿돈을 횡령했다니.

내가 다 책임지려고 한다.
내가 한정승인해서, 우리 아들이 잘못한 걸 수습해야지.

상속포기를 하시면, 지금 살던 아파트는 모두 포기하셔야 합니다.
살 곳은 있나요?
아, 그래서 어머님이 살 곳을 구해주신다고 하신 거구나….

어머니가 거짓말을 하실 리는 없다고 생각했다.
그래서 나는 상속포기를 하려고 했다.
그런데요, 안심상속원스톱 서비스 기준으로 하면 재산이 더 많으신데 왜 상속포기를 하시는 거죠?

그게, 남편이 시어머니 회삿돈을 횡령했다고 해서요.
네?
가족 회사에서 횡령이라니요?

나는 변호사님의 조언에 따라
시어머니께 남편의 휴대폰을 돌려달라고 했다.

실제로 남편의 빚이
많지 않을 수 있다는 생각에
나는 용기를 내어 한정승인을 진행했다.

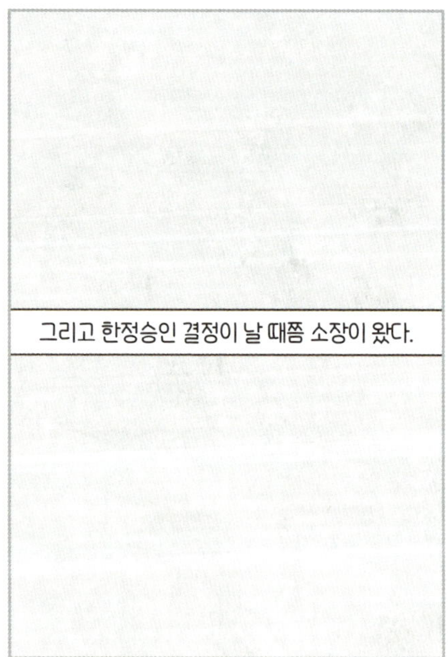

그리고 한정승인 결정이 날 때쯤 소장이 왔다.

불법행위 손해배상청구 소송

시어머니는 결국 내 남편이
횡령을 했다며 그 손해를
물으라고 소장을 보내왔다.

남편은 회사에서
돈이 들어오면 어김없이
그 돈을 다른 회사로 이체해 주었다.

원고에게 남편의 휴대폰을 돌려받았다.

남편의 휴대폰에는
중간중간 삭제된 흔적이 보였다.
우리는 자동 녹음된 음성까지도
모두 확인했다.

그렇게 남편이 회사로부터
횡령을 하지 않았다는
사실을 밝힐 수 있었다.

시어머니의 말, 그리고 진실

그녀가 날 찾아온 것은 목요일 저녁이었다.

그녀의 남편은 가족회사에서 부모님을 대신하여 회사를 운영하고 있다가 갑자기 사망했다. 그런데 시어머니는 그녀에게 남편이 회삿돈을 횡령했다면서, 상속포기를 해야 한다고 말했다고 한다.

그녀는 혼란스러운 마음에 내게 상담을 온 것이다. 안심상속원스톱 서비스 조회 결과상 피상속인의 채무는 많지 않았고, 청산 절차를 잘 진행하면 남편 명의의 아파트만큼은 지킬 수 있다는 생각이 들었다.

"한정승인을 하는 것이 맞지 않을까요? 재산과 채무 정도를 모르는데 무조건 상속포기를 하시면, 지금 있는 남편 명의 집에서 사실 수가 없어요."

"아이늘도 어리고 저 그 집에서 꼭 살아야 해요. 그런데 어머님이 회삿돈을 횡령했다면서 남편이 책임져야 할 빚이 많다고 하셔서요. 우리 남편이 그렇게 막 회삿돈을 쓸 사람이 아닌데 말이에요."

그녀는 주말 동안 고민하고 다시 연락을 주겠다고 했다. 나 또한 주말 내내 고민이 되었다.

'혹시 시어머니의 이야기가 맞다면, 지금 재산을 지키려고 하다가 더 큰 문제를 일으키는 것이 아닐까?'

그녀는 주말이 지나 내게 한정승인을 하겠다고 했다. 우리는 절차에 맞게 한정승인을 진행했는데, 그 과정에서 시어머니 측은 그녀의 남편이 회삿돈을 횡령했다면서 '불법행위 손해배상청구 소송'을 제기했다.

우리는 남편이 회사 통장을 이용한 내역을 분석하여 불법행위를 한

적이 없음을 증명했고, 1심은 우리에게 손을 들어 주었다. 그러자 시어머니 측은 이를 받아들이지 않고 항소심을 진행했고, 이외에도 서너 개의 소송을 연달아 제기했다.

소송 중 그녀는 착수금을 낼 수 없을 정도로 힘든 날이 있었지만, 착수금 지급일을 한참 뒤로 미루면서까지 소송을 함께했다. 함께한 선택이었으니, 끝까지 함께해야 한다고 생각했다. 결국 몇 년의 고생 끝에 우리는 남편이 남긴 집은 지킬 수 있었다.

이처럼 피상속인이 사망한 이후에 재산도 채무도 확실하지 않을 경우가 있다. 그럴 때 주변인의 말만 믿고 쉽게 상속포기를 해서는 안 된다.

피상속인이 사망하고 난 이후 "아휴, 빚만 많다. 정말 빚만 많아!"라고 말하면서, 피상속인의 재산과 채무 관계를 제대로 이야기하지 않고 '상속포기'를 권하는 경우가 있다면, 이 말을 그대로 믿어서는 안 된다.

물론 정말 빚만 있어서 선한 마음으로 그 빚에 대한 책임을 자신이 지려고 하는 경우도 있다. 하지만 상속포기 결정을 받고 나면, 이를 되돌리는 것이 정말 어렵기 때문에 신중 또 신중해야 한다.

우선 피상속인의 재산과 채무를 알아보는 가장 좋은 방법인 안심상속원스톱 서비스는 피상속인이 개인에게 빌려준 돈이나 빌린 돈까지를 모두 알려주지는 않는다. 이는 피상속인의 재산을 산정하는 어느 정도 기준이 될 수는 있어도, 조회 결과만으로 피상속인의 재산 현황을 모두 안다고 볼 수는 없다.

이때 우리는 두 가지 선택을 할 수 있다. 우선 상속인 입장에서 피상속인의 사채를 알기는 어려우니 우선 단순승인을 하되, 향후 상속받을 재산보다 채무가 많아지면 '특별한정승인'이란 제도를 활용할 수 있다.

특별한정승인은 채무가 상속재산보다 많다는 사실을 상속 개시 후 3개월 이내에 알지 못한 데 중대한 과실이 없고, 뒤늦게 그 사실을 알게 되면 그날로부터 3개월 이내에 한정승인을 하는 것을 말한다. 다만 특별한정승인은 이미 단순승인을 하면서 분할받아 처분한 재산이 있더라도 그 재산을 기준으로 뒤늦게 청산 절차를 진행하다 보니 그 절차 진행이 다소 복잡할 수 있다.

다음으로 상속인은 피상속인의 사채가 있을 것으로 예상됨에도 안심상속원스

톱 서비스 조회 결과 채무보다 재산이 많은 경우, 단순승인을 하면 불안한 지위
에 있게 되니 상속 개시 후 3개월 이내 한정승인 결정을 받을 수 있다.

특히 상속재산은 거의 없고 채무만 많은 것으로 알고 있는데, 다른 상속인들
이 이미 증여받은 재산이 많은 경우라면, 한정승인을 하는 것을 추천한다. 이때
한정승인을 한 상속인은 상속채무를 자신의 재산으로는 변제하지 않으면서도
상속인의 지위는 유지되니, 유류분반환청구 소송을 할 때 상속채무에 따른 불안
정한 지위에서 벗어날 수 있기 때문이다.

당신은 소중한 사람입니다

스스로 목숨을 끊는 게
얼마나 어려운 일인지
난 알지 못한다.

하지만 아무리 힘들어도 자살은 하지 말자고
다짐한 이유는 남은 사람들의 고통 때문이다.

가까운 사람이 죽고 난 후 남은 사람들은
죽음을 부정하기도 하고,
자신을 탓하기도 하며,
스스로를 고통 속에 몰아넣기도 한다.

덤덤한 말투에서 느껴지는
슬픔의 깊이를 알 수가 없었다.

응, 난 먹었어.
여보 많이 먹어.
진짜 나만 먹어?
조심히 가!
응, 열심히 일하고
이따 집에서 봐.
가서 간단히 먹고
저녁 준비해야지.
엥? 먹었다며!
하하, 이따 만나.

남편이 가기 전에 제 점심을 챙겨주러 왔었는데….
자기는 밥도 안 먹고 세상을 떠났네요.
밥 먹었다는 말을 저는 왜 믿었을까요?
왜 몰랐을까요….

나 좀 봐, 어때? 짱이지?
멋지다!
쉐이크 먹고
수업 준비해.

코로나만 아니었어도
우리는 잘 되었을 거예요.
조금만 생각을 바꾸면
충분히 해결 가능한 문제들이었고요.
왜 저한테 말을 하지 않았을까요?
제가 부족해서겠지요….

그렇게 남은 사람들은
자신을 가두고, 탓한다.

살아갈 용기가, 살아갈 힘이,
살아갈 이유가 없어서 세상을 떠나고
싶은 마음을 어떻게 돌릴 수 있을까?

엄마, 사실은
나 회사에서…
…
…
이런 일이 있었어.
어떡하지?
우리 딸 마음 고생했겠네….
그래도 될까…?
관두자, 그런 회사!
기죽지 마, 어깨 펴!

여보, 나 할 말이 있어.
사실 보증을 잘못 섰어…. 어떡하지….
괜찮아! 같이 이겨내면 돼!
밥은? 먹은 거 맞아? 나랑 같이 먹자.
고마워….

형, 사실 나 자금이….
얼마 부족한데? 내가 빌려줄게.
형, 이런 얘기해서 미안해….
괜찮아. 지금 보냈어.
형 고마워.
밥이나 먹으러 가자!

어쩌면 당신의 고통은
세상을 등지면
멈춰질 수도 있겠지요.

그렇지만 남겨진 사람의 고통은
그때부터 시작일 거예요.

한정승인, 그리고 유서

변호사 사무실을 개소한 지 얼마 되지 않았을 때였다.

유난히 낯빛이 어두운 60대 남자가 상담실로 들어왔다. 그는 아들이 사망해서 한정승인과 상속포기를 하기 위하여 찾아왔다.

"제가 한정승인하고, 아내가 상속포기를 하려고요."

"어머님은 함께 안 오셨어요?"

"지금 정신을 못 차려서……."

"그러면 혹시 아드님 재산이랑 채무를 알고 계세요?"

"네, 알고 있습니다."

그러면서 내게 종이 한 장을 보여주었다. 그 종이를 무심하게 보다가 순간 눈물이 앞을 가렸다. 그 종이는 아들의 유서였다.

'먼저 가서 미안해. 너무 너무 미안하다. 그런데 너무 홀가분하다.
엄마 아빠, 한정승인 꼭 하세요.'

그 유서를 보자마자 안타까운 마음에 가슴이 아팠다.

'얼굴이 새까맣게 된 그는 갑자기 아들을 잃었구나! 그 아들이 스스로 세상을 등졌구나! 그는 얼굴이 아니라 속이 새까맣게 탄 거구나!'

세상을 등지면서도 부모님을 걱정한 그의 마지막 심정이 안타까웠고, 깊은 슬픔에 정신을 차리지 못하는 아내를 대신한 그의 힘겨운 발걸음에 마음이 미어지는 것 같았다. 나는 왈칵 쏟아질 듯한 눈물을 훔치며, 한정승인 절차에 대한 설명을 시작했다.

그런데 요즘 들어 부쩍 빚을 감당하지 못하고 스스로 세상을 등지는 이들이 많은 것 같다. 사회가 어려워져서일까? 그렇게 날 찾아온 유족들은 모두 자신을 탓한다.

"남편이 그렇게 힘들어하는 줄 몰랐어요."

"우리 아들이 감당이 안 됐나봐요."

"제가 힘이 되지 않았나 봐요. 그냥 떠난 걸 보면……."

그들은 날 찾아와 힘든 상황을 홀로 견디게 한 자신을 원망하고 자책한다. 내가 감히 세상을 등지는 그들의 심정을 다 헤아린다고 말할 수는 없다. 그래도 당신의 아픔을 함께하려는 가족들을 위해서라도 한 번만 힘을 낼 수는 없을까?

개똥밭에 굴러도 이승이 좋다는 말이 있다. 지금의 삶이 개똥밭이라고 하더라도 죽음이란 선택은 옳지 않다. 혹시 누군가 이런 마음이 드는 사람이 있다면, 당신이 이 삶을 살기를 바라는 이들이 훨씬 더 많다는 것을 꼭 기억했으면 좋겠다.

상속포기와 한정승인은 빚이 상속되었을 때 이를 연좌제 하지 않겠다는 의미로 상속인들의 재산권 침해를 막아주는 제도이다. 그렇다면 생전에 빚이 있는 경우 죽음 말고는 해결할 방법이 없는 것일까?

그렇지 않다. 빚이 있을 때 개인회생, 개인파산이라는 제도를 통해 빚에서 구제받을 수 있다. **개인회생**은 개인이 최대 5년 보통은 3년 동안 정기적인 소득으로 일부 빚을 변제하면 남은 채무를 법원이 면제해 주는 제도이다. 그래서 만약 직장을 다니고 있는 상황에서 감당하기 어려운 빚이 있다면, 개인회생 제도를 활용하면 된다.

개인파산은 개인의 재산으로 모든 채무를 변제할 수 없는 상태로 정기적인 소득도 없어 향후 채무를 변제할 가능성도 없는 상태에서 이용하는 절차이다. 이때 회생법원은 개인재산으로 변제하지 못한 채무에 대해서도 향후 더는 변제하지 않을 수 있도록 면책 결정을 하는 경우가 대다수다.

빚으로 인해 좌절할 수는 있다. 그렇지만 그 좌절이 죽음이란 선택으로 이어질 필요는 없다. 그 좌절 속에서도 개인회생이나 개인파산과 같은 회생절차를 통해 또 다른 삶을 살 수 있음을 명심하길 바란다.

CHAPTER 3

유언이 없을 때 재산분할은 어떻게 하나요?

상속재산분할과 기여분

01. 상속인을 찾을 수 없을 때

상속인 찾아 삼만리

그들과 협의는 되지 않았고,
결국 소송을 할 수밖에 없었다.
하, 귀찮아요.
신경 쓰고 싶지 않네요.
난 모르는 일입니다.
저도요.
…

그렇게 재판장 앞에 모였다.
청구인 쪽은 재산 형성을 모두 자신이 했다고 하는데, 답변할 것이 있나요?
아, 저….

시종일관 모르는 체했던 이들은
재판장 앞에서 차례대로 말하기 시작했다.
기여했는지는 잘 모르겠고요.
공평하게 나눠주세요.
네, 네. 공평하게요.

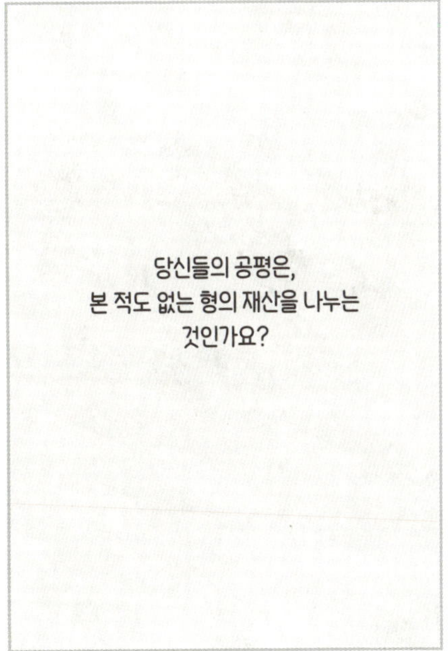

당신들의 공평은,
본 적도 없는 형의 재산을 나누는
것인가요?

얼굴도 모르는 상속인들

상속재산은 상속인 전원이 함께 협의해야 분할할 수 있다. 그래서 상속인을 찾지 못할 때는 상속재산분할심판을 통해 해결할 수밖에 없다. 부모님과 절연하고 지낸 형제를 찾기도 하고, 부모님의 혼외자를 찾아야 하기도 하며, 피상속인이 결혼하지 않고 자녀가 없는 상태에서 사망함에 따라 서로 얼굴조차 제대로 모르는 사촌까지 찾아야 하는 경우도 있다.

그런데 연락조차 되지 않았던 상속인을 상속재산분할심판을 통해 찾다 보면, 상속인이란 대체 무엇인가에 대해 깊이 생각하게 된다.

이 사건이 그랬다. 장애가 있는 형을 평생 돌보며 한 가족처럼 산 동생이 있었다. 동생은 형의 이름으로 청약을 한 아파트의 분양권이 있었기 때문에 형이 사망한 이후 분양권을 상속받아야 했다. 동생은 상속재산분할 절차를 진행하던 중 아버지가 두 번의 결혼을 해서 평생 본 적도 없는 다른 형제들이 있다는 사실을 알게 되었다. 동생은 연락처조차 알지 못하는 형제들을 모두 찾을 수가 없었기에 내게 사건 의뢰를 맡겼다. 상속재산분할심판을 통해 다른 형제들을 찾다보니, 돌아가신 분도 있어 그분의 자녀들까지 찾아야 했다.

그 사이 소장을 받은 상속인들은 내게 전화하여 "난 잘 모른다. 그런데 재산이 소장에 나온 것이 전부냐?" 하고 묻기도 하였고, "법원에서 부르면 나가서 말만 하면 되느냐?" 하며 법원 절차를 묻기도 하였다.

당시에 나는 그중 누군가는 장애가 있는 형을 끝까지 부양한 동생을 위하여 상속재산을 양보할 수도 있겠다는 희망으로 친절히 절차 등을 설명했다. 그때만 해도 그런 기대감이 있었다. 드디어 모든 상속인을 찾았고, 법원에서는 심문기일을 지정했다. 심문기일 당일, 법원에서는 원하는 분할 방식 등을 물었다. 그들은 그 자리에서 이렇게 답했다.

"저는 잘 모르고요. 법원에서 알아서 공평하게만 나눠 주세요."

그 누구 하나 자신의 상속권을 포기하겠다는 이가 없었다. 그들 중 단 한 명도 법정을 나서면서 내게 피상속인을 어디에 모셨는지 물어보는 이도 없었다. 오직 "판결은 언제 나는 거예요?" 하고 물을 뿐이었다.

법원을 나서면서 '공평?'이란 단어로 자신의 권리만을 주장하는 그들을 보고 있자니, 인간에 대한 환멸감이 느껴졌다.

상속인은 피상속인의 권리와 의무를 포괄적으로 승계받는 자이다. 그렇기에 상속인은 피상속인의 재산에 대한 권리가 있고, 이를 상속받을 수 있다. 하지만 여전히 피상속인의 얼굴조차 모르면서 법적으로 상속인이란 이유 하나만으로 '공평'을 외치는 그들의 '공평'이 무엇인지 의문이 든다.

상속인을 찾을 수 없을 때, 많이 생각하는 것이 실종선고와 부재자재산관리인 선임이다.

실종선고는 말 그대로 찾지 못하는 형제를 실종 처리하는 것이다. 실종선고는 5년 이상 실종이라는 상태가 유지되면 사망으로 간주한다는 것인데, 그 청구를 할 수 있는 자격이 까다롭다. 실종선고의 청구인은 실종자의 선순위 상속인이어야 할 수 있다.

> **【민법】**
> ### 제27조 (실종의 선고)
> ① 부재자의 생사가 5년간 분명하지 아니한 때에는 법원은 이해관계인이나 검사의 청구에 의하여 실종선고를 하여야 한다.
> ② 전지에 임한 자, 침몰한 선박 중에 있던 자, 추락한 항공기 중에 있던 자 기타 사망의 원인이 될 위난을 당한 자의 생사가 전쟁 종지 후 또는 선박의 침몰, 항공기의 추락 기타 위난이 종료한 후 1년간 분명하지 아니한 때에도 제1항과 같다.

예를 들어, 내 어머니가 돌아가셨는데 나의 이부형제를 찾는다고 하자. 이때 이부형제의 친부가 살아있다거나 이부형제가 결혼한 상황으로 나타난다면 형제와의 관계에서 3순위 상속인인 나는 실종선고를 청구할 수 있는 청구권자가 될 수 없다. 그래서 실종선고는 생각보다 쉽지 않다고 봐야 한다.

부재자재산관리인 선임은 상속인의 실종 기간이 5년 이내이거나 청구할 수 있는 자격이 없는 경우에 부재인 상속인의 재산을 관리하는 자를 선임하는 절차이다. 그런데 관리인은 공동상속인 중에 선임할 수 없고, 제삼자가 선임되어야 한다. 친척들 중에는 관리인이 되려고 하는 사람이 없을 때가 많고, 전문 관리인을 선임하게 되면 비용 지불의 문제가 발생한다.

> **【민법】**
>
> **제22조 (부재자의 재산의 관리)**
>
> ① 종래의 주소나 거소를 떠난 자가 재산관리인을 정하지 아니한 때 법원은 이해관계인이나 검사의 청구에 의하여 재산 관리에 관하여 필요한 처분을 명하여야 한다. 본인의 부재중재산관리인의 권한이 소멸한 때에도 같다.
>
> ② 본인이 그 후에 재산관리인을 정한 때에는 법원은 본인, 재산관리인, 이해관계인 또는 검사의 청구에 의하여 전항의 명령을 취소하여야 한다.

그래서 실무에서는 상속인을 찾을 수 없을 때 실종선고나 부재자재산관리인 선임을 하지 않고 곧바로 '상속재산분할심판'을 제기하는 경우가 더 많다.

상속재산분할심판이란 말 그대로 상속재신을 분할하는 심판으로, 가정법원을 통하여 피상속인이 돌아가셨을 때 남아있는 재산을 나누는 것이다. 그런데 상속재산분할심판은 상속인 전원이 함께해야 하는 소송이고, 이와 같이 당사자의 의사와 관계없이 모두 참여해야 하는 소송을 '고유필수적공동소송'이라고 부른다. 그래서 상속재산분할심판은 일부 상속인이 연락이 끊어졌다거나 상속재산분할에 전혀 관여하고 싶지 않다고 하더라도, 공동상속인 전원이 함께 소송 절차에 참여해야 한다.

그래서 연락이 두절된 상속인이 있다고 하더라도 상속재산분할심판이란 절차 진행에는 문제가 없다. 다만 연락이 되지 않는 상속인에 대해서는 '공시송달'을 통해 소송이 진행된다고 보면 된다.

이때 연락이 되지 않는 상속인에게 불합리한 소송이 진행이 되는 것은 아닐까 걱정할 수 있다. 하지만 상속재산분할심판은 소송이 아닌 비송사건 즉 재판부가 후견인적 지위를 가지고 상속재산을 분할하여 주기 때문에 공시송달 절차로 진행되는 상속인에게 무조건 불리하게만 소송이 진행되지는 않는다. 이 경우 법원은 상속인들의 상황에 맞게 상속재산의 분할 방법까지 모두 고려한 상속재산분할에 대한 결정을 해준다.

'고유필수적공동소송'이란?

고유필수적공동소송이란 소송에서 전원이 원고 또는 피고가 되어야만 판결이 유효하고 합일적으로 확정되는 소송 형태를 말한다.

그래서 피상속인이 남긴 재산이 부동산이면 분할을 청구한 청구인들이 부동산을 분할받고, 연락이 되지 않는 상속인에게는 그 상속인이 분할받아야 할 몫만큼을 금전으로 지급하라는 현금 정산 방식을 결정하는 경우가 많다.

그러니 상속인들은 연락이 되지 않는 상속인이 있다고 하더라도 상속재산분할심판의 결과에 따라 부동산을 분할해 이와 관련된 재산권을 행사할 수 있다. 그런 후 나중에 상속인을 찾게 되면 그 상속인의 몫을 심판문에 결정된 액수만큼 지급하므로, 모든 상속인에게 공평하게 분할된다.

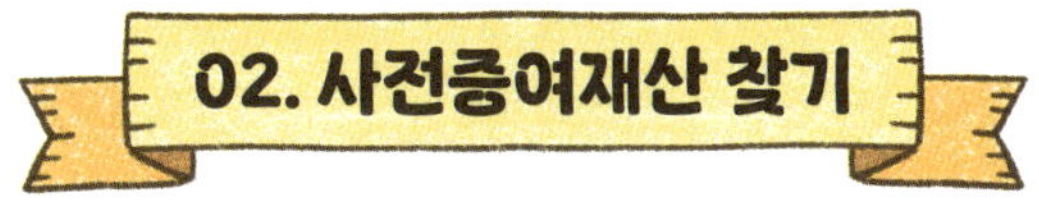

02. 사전증여재산 찾기

계모이기 때문에

나는 가난한 집의 장녀다.
첫딸은 살림 밑천이라는 부모님.

고등학교를 졸업하고 회사에 취업해
경리 일을 보고 있을 때였다.
괜찮은 남자 있는데,
소개 좀 해줄까?
네?

아버지를 통해 선 자리가 들어왔다.
부인과 사별했고, 돈이 많은 집안의
사람이라고 했다.

17살이 넘는 나이 차이.
나는 그를 만나고 싶지 않았다.

하지만….

그렇게 스물한 살,
하고 싶은 것도,
이루고 싶은 것도 많았던 나이에
나는 남편과 결혼했다.

두 아이의 엄마라는 자리는 내게 버거웠다.
사춘기의 아이들은 날 받아들이지 못해
한동안 날 쳐다보지도 않았다.

남편은 내 편이 아니었다.
불쌍한 아들과 딸에게 잘해주라고만 했다.

남편은 내게 늘 박했고,
아이들에게는 언제나 후했다.

남편은 우리 사이에서 아이가 태어난 후에도
늘 전처의 아이들을 안타까워하며 더 챙겼다.

아빠, 저 과외시켜 주세요.
요즘 수학이 어려워서요.
그래, 물론이지.

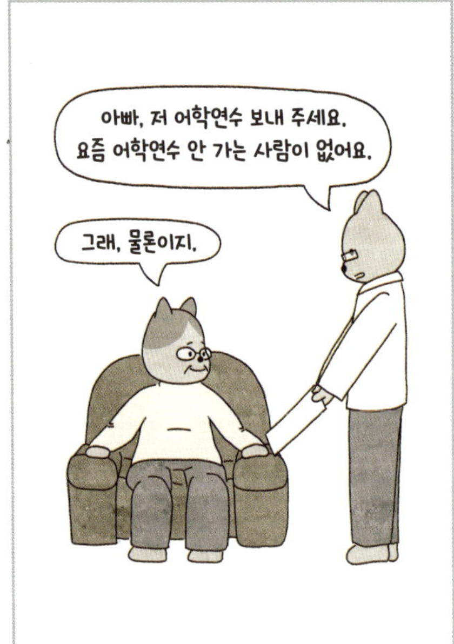

아빠, 저 어학연수 보내 주세요.
요즘 어학연수 안 가는 사람이 없어요.
그래, 물론이지.

아빠, 저 차 한 대만 사주세요.
회사가 멀어요.
그래, 물론이지.

남편은 평생 내게 '친엄마라도'라는
말을 하며 상처를 줬다.

아이들은 결혼한 후에도 계속 돈을 요구했다.
배우자의 사업이 어렵다는 이유로,

자신의 자녀들을 유학 보내야 한다는 이유로….

남편은 그때마다 땅을 팔고,
상가를 팔아 아이들을 도와줬다.

남편은 아이들에게
모든 것을 주고
겨우 집 한 채만 남겼다.

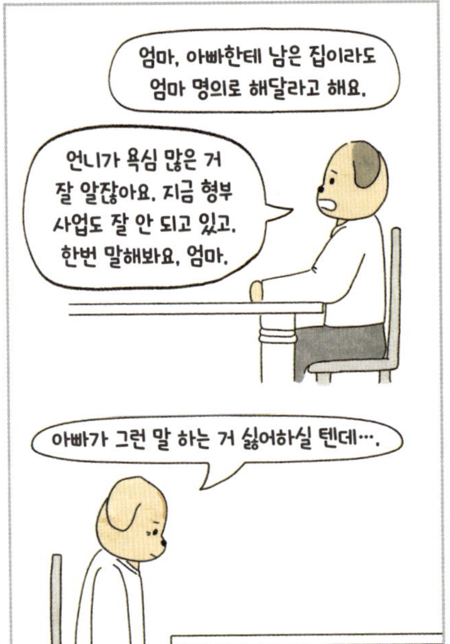

그리고 남편은 그 어떤 유언도
남기지 않은 채 세상을 떠났다.

남편이 호언장담했던 것과는 다르게,
아이들은 남편이 남긴 집을
나누기를 원했다.

어머니, 집은 법정상속분대로 나누는 거 아시죠?

얘들아, 그럼 난 어디서 살라고….

오빠, 너무한 거 아니야?
그럼 우리 엄마는 대체
어디 살라고? 지금까지
많이 가져갔잖아!

너, 어디서 오빠한테 큰소리야?

내가 돈 가져가는 거 봤어?
무슨 말도 안 되는 소리야!

장례식 이후,
우리 집에서는 연일 큰소리가 끊이지 않았다.

지금 집 시세가 15억이 넘네요.
팔아서 전세 가시면 될 텐데,
왜 욕심을 내세요?

엄마가 욕심을 낸다고? 엄마가
아프실 때는 어떻게 할 건데?

그렇게 신경 쓰이면
니가 모셔.

세금은 누가 낼 건데?
집 팔아야 내지.

가족 소통방은 남편에 대한 애도도,
그리움도 없이 돈 이야기로 가득 찼다.

하루는 큰딸에게 전화가 왔다.
어머니, 정말 섭섭하네요.
제가 친딸이었어도 저에게 안 줬겠어요?
지금 저희, 김 서방 사업 때문에
어려운 거 뻔히 아시잖아요.

네가 내 친딸이 아니어서
내가 안 준다는 말이니?
나 죽으면, 그때 받으면 되잖니.

친자가 아닌데 제가 어떻게 받아요!
어머니 돌아가시면 저한테
상속권이 없단 말이에요.
막내가 다 가져가는 거 아니에요?!

변호사님, 어떻게 하죠?
저는 정말 이 집을 나가야 하는 건가요?
아니요, 이미 전혼의 자녀분들이 증여받으신 부분이 있으니 그 부분을 고려해야죠.
통장 거래내역에서 이체된 내역들을 중심으로 특별수익을 찾아봐요.

그렇게 소송을 시작했다.

전혼의 자녀들은 어머니가 소송을 제기한 사실에 크게 분노했다.

그리고 자신들이 매우 불쌍한 삶을 살아왔다고 주장하기 시작했다.

저희는 계모 밑에서….

<서면>
청구인은 계모로서 상대방을 돌보지 않고 자신의 자녀만 돌보았으며….

변호사님, 아이들이 어떻게 저렇게 주장할 수 있죠?
남편이 큰아들에게 집도 사주고 차도 사줄 때 막내는 어학연수 한 번을 못 갔어요.
계모라는 말이 평생을 괴롭혔는데, 어떻게 남편이 세상을 떠나고도 그 말로 절 괴롭힐 수 있죠?

남편 수첩에도 다 나와 있는데….
남편의 수첩이요? 제게 그 수첩을 주실 수 있을까요?

망인은 꼼꼼한 성격으로 평생 메모하는 습관이 있었다.

그래서 우리는 그 수첩을 근거로 평생 전혼 자녀들의 뒷바라지를 했음을 증명했다.

어머니가 원하는 것은 집 한 채입니다.
전혼 자녀가 아버지에게 지금까지 받은 재산을 고려하면 금융재산도 어머니와 막내딸이 가져가는 것이 맞지만, 어머니는 집 외의 것은 양보하신다고 합니다.

그러니 어머니에게 나쁜 계모라는 프레임으로 상처 주지 마세요.

상속은 결국 마음의 문제

상속재산분할에 있어서 상속인들의 증여재산이 문제가 되는 일이 많다. 그럴 때면 증여를 받은 상속인이 불만을 토로한다.

"이미 받은 재산을 왜 지금 이야기하나요? 그때 내가 사업이 어려우니까 받은 것을 왜 상관하는 거지요?"

반면 생전에 지원받은 것이 없는 상속인은 이렇게 맞선다.

"미리 받은 재산도 있는데 상속재산도 받으려고 하는 겁니까? 욕심이 너무 과해요!"

재산을 미리 받은 상속인은 증여재산은 증여재산일 뿐, 현재 남은 재산을 나누어야 한다는 생각이고, 증여받은 재산이 없는 상속인은 예전의 증여재산을 고려하여 나누어야 한다는 주장이라 둘 사이의 의견이 좁혀지기 어렵다.

사실 상속재산분할에 있어서 생전 증여가 문제 되는 부분이 오직 '돈' 문제뿐이라고는 생각하지 않는다. 가장 큰 원인은 상대적 박탈감 때문이다. 평생 내게는 하지 않았던 경제적 지원을 다른 형제에게만 했다는 생각을 하면, '난 평생 사랑받지 못했다'라는 감정을 느낀다. 그래서 이제라도 보상을 받고 싶다는 심리가 작용한다.

계모라는 굴레에서 평생을 벗어나지 못한 그녀의 마음도 그러했다. 어린 나이에 아이가 있는 남자와 결혼하여 평생을 남편과 함께했지만 여전히 아내로 인정받지 못했다는 마음, 전혼 자녀들에게 아직도 어머니가 될 수 없다는 절망감이 그녀가 소송을 결심하게 된 결정적인 이유였다.

"애들이 조금만 절 엄마로 대해 주었다면 소송까지 하지는 않았을 거예요. 그래도 내 손으로 키운 자식들인데요……."

이렇게 말하던 그녀는 끝내 조정 절차에서 전혼 자녀들에게 재산을 양보해주었다. 만약 전혼 자녀들이 그녀가 느낀 상대적인 박탈감을 조금이라도 알아주었더라면, 소송까지 이어지지는 않았을 것 같다.

물론 상속재산분할심판이라는 법의 잣대에서 보면, 피상속인이 증여한 재산을 고려하여 상속재산을 나누는 것이 타당하다. 하지만 그 잣대를 들이밀게 된 이면에는 오직 돈을 정확히 나누겠다는 마음보다는 자신을 알아주지 않는 가족들에 대한 서글픔이 있음을 알아야 한다.

피상속인이 생전에 증여한 재산을 찾을 수 있을까? 상속재산분할심판을 제기한다면, 법원을 통하여 상속인들이 증여받은 재산을 찾을 수 있다. 소송을 하면 여러 증거 신청을 할 수 있기 때문이다.

하지만 무턱대고 소송을 할 수 있는 것이 아니기에, 되도록 소송을 통하지 않고 증여재산을 최대한 찾아봐야 한다. 우선 상속재산을 먼저 확정해야 하니 안심상속원스톱 서비스를 신청한다. 안심상속원스톱 서비스를 신청하면 피상속인 명의로 남아있는 부동산, 금융재산, 보험 등의 내역을 대략적으로나마 알 수 있다. 그런 후 증어재산을 찾아본다.

증여재산은 크게 나누면 땅과 돈이다. 이중 부동산은 상속 개시일로부터 10년 간 혹은 더 긴 기간으로 피상속인의 '지방세 세목별 과세증명서(상세)'를 발급할 수 있어, 피상속인이 가지고 있던 부동산 내역을 알 수 있다.

등기사항전부증명서를 통하여 해당 부동산의 소유권 이전 사항을 확인해 보면, 상속인에게 증여로 이전된 사항을 확인할 수 있다. 등기사항전부증명서는 인터넷 등기소(www.iros.go.kr/index.jsp)에서 쉽게 발급받을 수 있다.

등기부는 갑구와 을구로 나뉜다. 갑구는 소유권과 관련된 변동 사항을 적어놓는 곳이고, 을구는 소유권 이외 즉 근저당권, 전세권, 임차권등기명령 등의 소유권 이외의 변동 사항을 적는 곳이다. 여기에서 갑구를 중심으로 피상속인 명의에서 상속인 명의로 이전된 사항을 확인하면 된다.

순위번호	등기목적	접수	등기원인	관리자 및 기타사항
1(전 2)	소유권 이전	2017년 10월 8일 제19166호	2017년 9월 27일 매매	소유자 : ○○○ 매매목록 : 제2007–521호
1–1	1번 등기 명의인 표시 변경		2019년 9월 14일 전거	분할로 인하여 순위 제1번 등기를 충청북도 …… 접수 : 2011년 4월 29일 제7530호
2	소유권 이전	2021년 8월 24일 제16193호	2021년 8월23일 공공 용지의 협의 취득	

순위번호	등기목적	접수	등기원인	관리자 및 기타사항
1(전 3)	근저당권 설정	2017년 10월 6일 제19167호	2017년 9월 28일 설정계약	

　　피상속인의 금융재산은 찾는 데 한계가 있지만, 대략적인 내역은 파악할 수 있다. 우선 안심상속원스톱 서비스를 통해 확인한 피상속인의 금융재산을 파악한다. 피상속인이 거래한 것으로 확인된 은행을 중심으로 피상속인의 거래내역을 발급한다.

　　피상속인이 사망하면 상속인들은 당연히 피상속인의 거래내역을 발급받을 수 있다. 이때 피상속인의 사망 사실을 확인할 수 있는 피상속인의 기본증명서, 발급받는 상속인이 상속인임을 알 수 있는 가족관계증명서, 제적등본 등을 함께 가져가는 것이 좋다. 무엇보다 중요한 것은 거래내역 조회 기간인데, 이는 길면 길수록 좋다.

거래내역서를 보면, 명확히 이체된 내역도 있고 '대체'라고 기재된 내역도 있기 때문에 거래내역만으로 상속인이 증여받은 돈을 모두 파악하기는 어렵다. 그러나 대략적으로나마 피상속인의 재산이 생전에 어느 정도 있었는데, 이 재산이 얼마만큼이 줄었는지 정도의 파악은 가능하다. 또한 피상속인이 가입한 적이 있는 보험회사를 방문해 보는 것이 좋다. 보험금 중 수익자를 공동상속인이 아닌 상속인 중 1인으로 변경해 놓기도 하니, 이 내역을 확보하는 것이 좋다.

이와 같이 증여재산이 파악된 후 상속재산분할과 관련된 의견을 서로 나누는 것이 향후 후회 없는 협의에 이르는 길이다.

아빠의 용돈

나는 언니들과 비교하면 가진 게 많지 않았다.
리치
Rich
리치

그래서 부모님의 환갑, 병원비 등을 낼 때 큰 보탬이 되지 못했다.
…
내가 할 수 있는 것은 몸으로 하는 일뿐이었다.
엄마, 내가 엄마 집에 가져다줄게!
아~
필요해
천천히, 천천히.

어머니가 먼저 떠나고 아버지만 남았을 때,
나는 아버지 곁을 지켰다.
아빠, 같이 살자! 내가 옆에 있을게.

병원에서 지내실 때 간병을 자처하기도 했고
이번 주에는 누가….
내가 갈게!
그럴래?
아버지가 필요한 것이 있으면 사다 드리기도 했다.
내가 사 올게!
또 필요한 거 있어?

아버지를 돌보는 일이 힘들어도,
언니들에게는 말할 수 없었다.

오늘은 일도 힘들었는데….
쉬면 안 되겠지?

어휴, 돈도 안 내면서
투정은….

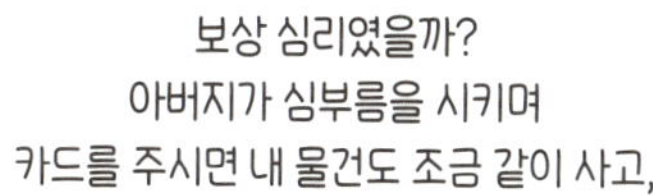

보상 심리였을까?
아버지가 심부름을 시키며
카드를 주시면 내 물건도 조금 같이 사고,

나도 필요한데….
내 것도 같이
사도 되겠지?

아버지가 용돈을 주시면 받기도 했다.

헉

그런데 언니들한테
용돈 받는다고 혼나는 거
아니야?

아니야, 받아도 돼.
나도 고생했으니까.

용돈을 받을 때면 언니들에게
눈치가 보였지만, 힘들었던 시간을
보상받는 느낌도 들었다.

막내야, 오늘도 아빠 병원?

수고한다.

오늘도 부탁해.

아버지 욕창이 하나도 없네.
막내 덕분이야.

그리고 언니들이
이해해 줄 것으로 생각했다.

시간이 흘러 아버지가 돌아가셨다.

장례를 치르고 재산을
나누려고 할 때였다.
막내야, 아버지 병원비로 쓴
돈이 왜 이렇게 많은 거니?
아버지는 병원에 계셨는데
백화점에서 먹은 기록이 있네?
뭐? 스타벅스
결제도 있네?

언니들이 몰아세우자 정신이 없었다.
이건 뭐야?
이거는?
이건?
영수증
영수증
아빠가 쓴 것도 있고,
나한테 용돈 정도 주신 거야.
날 믿어줘….
내 편이 하나도 없는 것 같았다.

아버지가 너한테 돈을 대체 얼마나 준 거야?
많이 주셨는데?
너무 많이 받은 거 아냐?
아버지가 정신이 없었잖아.
네 마음대로 쓴 거 아니야?

막내야, 아버지가 너한테 줬던
돈까지 합쳐서 나누자.

변호사님, 제가 아버지한테
돈을 받은 것이 그렇게 잘못된 일일까요?

결코 제 마음대로 쓴 게 아니에요.

아버지가 저한테 정말 고맙다고 주셨어요.

부모의 마음과 법의 기준

"변호사님, 아버지가 오빠에게 준 10만 원도 다 찾아주세요!"

"저, 10만 원은 찾아도 소용이 없어요……."

상속재산분할심판 청구 소송을 결심하고 온 상담자가 협의 과정에서 마음이 상해 상대방에게 무턱대고 상처를 입히고 싶어 하는 경우가 있다. 그래서 피상속인이 출산 축하 비용, 손주의 대학교 입학 축하금으로 준 돈까지도 모두 상속재산을 분할하는 데 고려해야 한다고 주장하기도 한다.

하지만 상속재산을 분할하는 데 피상속인이 상속인에게 준 돈 전부가 고려 대상이 될 수 없다. 상속재산분할심판에서 고려하는 재산은 '특별수익'에 해당해야 하기 때문이다. 즉 특별수익은 공동상속인의 공평을 해할 정도 상속분의 선급에 해당하는 재산을 의미하기에, 증여재산이 모두 특별수익이 될 수 없다.

그러면 아버지를 간병한 딸에게 준 돈은 증여재산일까? 증여재산은 맞지만 특별수익이 될 가능성은 극히 희박하다. 아버지는 낯선 간병인에게 자신의 몸을 맡기기보다는 내 딸에게 자기 몸을 맡기는 것이 미안하지만 고마웠을 것이고 원했을 것이다. 아버지는 그 미안함과 고마움에 경제적으로 어려운 딸에게 자신의 돈을 준 것에 불과하다.

그래서 아버지가 딸에게 준 돈은 공동상속인들 간에 공평을 해할 정도의 문제가 아니라, 자신의 곁을 지킨 딸에 대한 고마움의 대가였다고 봐야 한다. 그렇기에 보통 상속재산분할심판에서 간병하는 자녀가 사용한 돈에 대해서는 특별수익으로 인정되지 않는 경우가 많다.

그런데도 다른 형제들은 자신들이 병원비 등 경제적 지원을 한 것이고, 간병을 한 형제는 노동력을 제공한 것에 불과하다고 주장하는 경우가 많은 것 같다. 분명 그들은 아버지 생전에 간병하는 형제에게 "고생한다, 수고가 많다." 하고 말했겠지만, 이제 와서 '고생한 것은 고생한 것이고, 돈을 함부로 쓴 것은 함부로 쓴 것이 아니냐?'라는 주장을 한다.

하지만 어른들의 고마움은 말로만 하지 않는다는 이야기가 있다. 직장에서도 일을 잘하는 이에게 연봉을 더 많이 주고, 고마움을 전할 사람을 만날 때 선물을 준비하는 것처럼, 아버지 곁에 있던 딸에게도 말로만 하는 고마움이 아닌 경제적 대가가 주어지는 것이 맞을 것이다.

나이가 들어 병상에 누워 계신 아버지에게 당장 필요한 것은 경제적 지원만은 아닐 것이다. 아버지에게 가장 필요했던 것은 가족이었을지도 모른다. 그러니 형제·자매간 상속재산을 앞에 두고 있을 때, 부모님이 증여한 부분을 발견했다면, 부모님이 어떤 마음으로 승여했을지 한번 생각해 보았으면 한다.

소송을 통해 부모님이 지원한 10만 원까지 찾아봤자 모든 증여가 특별수익이 될 수 없으니까 말이다. 그러면 어떤 증여재산과 유증재산이 특별수익에 해당하는지 알아보자.

상속재산분할심판을 통하여 상속재산을 나누면 피상속인이 상속인에게 증여한 재산 혹은 유증한 재산을 고려하여 상속재산을 나누지만, 이때 증여재산 혹은 유증재산 전부를 고려하는 것은 아니다.

상속재산분할심판에서 고려하는 부분은 증여재산, 유증재산이 아니라 '특별수익'으로 한정하기 때문이다. **특별수익**이란 공동상속인의 공평을 해할 정도 상속분의 선급에 해당하는 재산을 말한다. 즉 증여재산이더라도 피상속인이 상속인에게 증여할 만한 이유가 있는 증여였다면, 이는 특별수익이라고 볼 수 없다.

> **【민법】**
> **제1008조 (특별수익자의 상속분)**
> 공동상속인 중에 피상속인으로부터 재산의 증여 또는 유증을 받은 자가 있는 경우에 그 수증재산이 자기의 상속분에 달하지 못한 때에는 그 부족한 부분의 한도에서 상속분이 있다.

일례를 들어보자. 10억 원 정도의 재산을 가진 아버지가 갑자기 쓰러지면서 병원에 입원했다고 하자. 이때 첫째 딸만 아버지를 간병하였고, 아버지는 고생하는 딸에 대한 고마운 마음에 100만 원을 주었다. 이때 100만 원은 증여일까, 아닐까?

증여는 맞다. 그렇다고 특별수익은 아니다. 피상속인의 재산 10억 원에서 100만 원은 상속재산을 미리 줄 만큼의 재산가액도 아니거니와 오히려 고마운 마음에 준 100만 원이란 돈이 공동상속인의 공평을 해할 만한 부분도 아니란 것이다.

그렇기에 증여재산이 있다고 하더라도 상속재산분할심판에서 그 증여재산이 특별수익인지 아닌지를 놓고 첨예하게 다투는 것이다.

✅ 특별수익을 고려한 상속재산분할 계산법

상속재산분할을 할 때 특별수익을 '고려한다'라는 뜻을 가끔 오해하여 증여재산을 돌려받는 것이 아니냐고 묻는 경우가 있다. 전혀 아니다. 상속재산분할심판은 남아있는 재산 즉 상속재산만을 다루는 소송이기 때문에 증여재산이 특별수익이 된다고 해서 이 증여재산을 나누어 가지는 것이 아니다. 다만 증여재산을 고려하여 상속재산을 더 분할받는다.

【사례】 피상속인 A가 사망하였고, 자녀 B와 자녀 C가 공동상속인이다. 상속재산이 4억 원이다. A는 생전 지녀 B에게 사업자금 명목으로 3억 원의 재산을 증여한 바 있다. 자녀 B와 C는 누구도 기여한 바는 없다.
이때 자녀 B와 자녀 C는 남은 상속재산 4억 원을 어떻게 나누면 될까?

우선 자녀 B가 증여받은 3억 원이란 돈을 고려하여 상속재산을 나눈다고 했을 때, 자녀 B가 가져간 3억 원 중 절반인 1.5억 원을 자녀 C에게 준다는 것은 아니다.

남아있는 상속재산 4억 원 중 자녀 C가 자녀 B보다 더 많이 가져오는 것이다. 그러면 얼마를 더 가져오는 것인지는 다음 계산법에 따른다.

① (상속재산 + 특별수익) − 기여분 = 간주상속재산

② 법정상속분액 = 간주상속재산 × 각 법정상속 지분

③ 구체적 상속분액 = 법정상속분액 − 각 특별수익 + 각 기여분

④ 구체적 상속분율 = $\dfrac{\text{상속인별 구체적 상속분}}{\text{상속인들 전체의 구체적 상속분 합계}}$

⑤ 최종 상속분액 = 상속재산의 현재 시점 가액 × 구체적 상속분율

앞의 계산법에 따르면 다음과 같다.

① 간주상속재산 7억 원 = 상속재산 4억 원 + 특별수익 3억 원

② 법정상속분액 3.5억 원 = 7억 원 × 유류분비율 (= 법정상속분 $\frac{1}{2}$)

③ 구체적 상속분액

　자녀 B : 3.5억 원 − 특별수익 3억 원 = 0.5억 원

　자녀 C : 3.5억 원 − 특별수익 0원 = 3.5억 원

④ 구체적 상속분율

　자녀 B : $\frac{5}{40}$

　자녀 C : $\frac{35}{40}$

⑤ 최종상속분액

　자녀 B : 5천만 원

　자녀 C : 3억 5천만 원

즉 상속재산 4억 원에서 자녀 B는 5천만 원을, 자녀 C는 3억 5천만 원을 분할하는 것으로 진행된다.

어떻게 당신이 내 어머니인가요?

출장에서 돌아온 아빠는 우리를 씻기고, 집 청소를 했다.
킁, 냄새….
아빠!
잘 지냈어? 씻고 밥 먹자!

출장에서 돌아온 날이면 아빠는 늘 엄마와 크게 다퉜다.
애들 밥은 먹여야 하는 거 아니야?!
당신이 돈을 많이 벌어오면 내가 잘하지!
뭐라고? 네가 애들 엄마이기는 하니?
나는 술을 마시는 엄마도, 화를 내는 아빠도 미웠다.

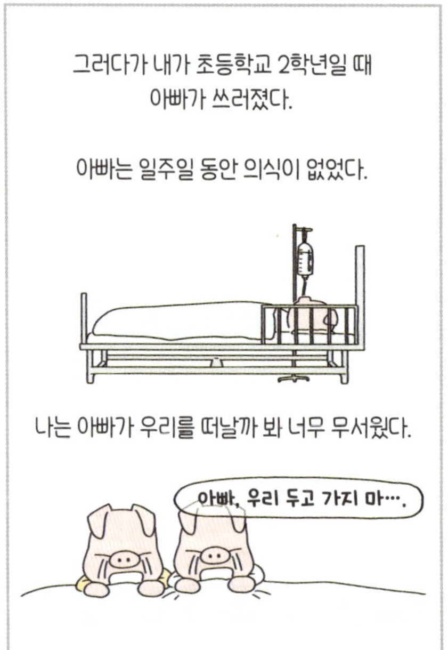

그러다가 내가 초등학교 2학년일 때 아빠가 쓰러졌다.
아빠는 일주일 동안 의식이 없었다.
나는 아빠가 우리를 떠날까 봐 너무 무서웠다.
아빠, 우리 두고 가지 마….

하늘이 나의 기도를 들어주신 걸까, 아빠의 의식이 돌아왔다.
정말 다행이야!
야호!
집에 가서 아빠가 올 준비해 둘게.
빨리 와야 해.

그런데 엄마가 집을 나가버렸다.

그렇게 아빠, 나, 누나는
할머니 집으로 가게 되었다.

할머니는 수소문 끝에
엄마가 있는 곳을 찾아냈다.
얘들아, 엄마 찾았다.
네? 어디서요?
엄마 찾으러 가자.

엄마는 큰이모네에 있었다.
엄마!
어멈 나와라!
여보!
!!

우리랑 같이 살자, 응?
엄마, 우리랑 갈 거지?
제발
응?
나와 누나는 엄마에게
같이 집에 가자고 애원했다.

엄마는 안 갈 거야.
자, 용돈.
할머니 말씀 잘 들어.
엄마는 나와 누나, 그리고 아빠를 버렸다.

할머니는 아픈 아빠를
대신해서 돈을 벌었다.
할미가 치킨
사 왔다!

할머니는 집 앞 텃밭에서 채소를 길러 팔았다.
나와 누나는 할머니의 일을 도와
같이 가지도 따고, 고추도 땄다.

아빠는 연락도 되지 않는 엄마를
원망하며 이혼하고 싶어 했다.
안 돼.
어머니, 저 이혼하고 싶어요.
왜 호적에 애들 엄마를 남겨둬야 하죠?
애들 결혼할 때
흠이 되면 어쩌니.
절대 이혼은 안 된다.
하지만 할머니의 반대에 하지 못했다.

고등학생이 된 나는
전단 아르바이트부터 시작해
시골 아저씨들의 일을 도우며
돈을 벌기 시작했다.
저기, 이거….
도와주면 용돈 줄게.
네, 감사합니다!

고등학교를 졸업한 뒤에는 바로 일을 시작했다.
나에게 대학은 사치야.
더 많은 일을 하려면
이 마을을 떠나야 하는데….
하지만 반신불수 아버지와
인지 능력이 떨어지기 시작한
할머니만 두고 떠날 수는 없었다.

누나, 서울 가서 일해.
할머니랑 아버지는 내가 돌볼게.
뭐?
진짜 그래도 돼?
누나, 꼭 유명한 헤어디자이너가 되어야 해.
응, 고마워.
진짜 고마워….

나는 할머니와 아버지 곁에 남아
일용직을 하며 돈을 벌었다.

그러다가 아버지가 돌아가셨다.

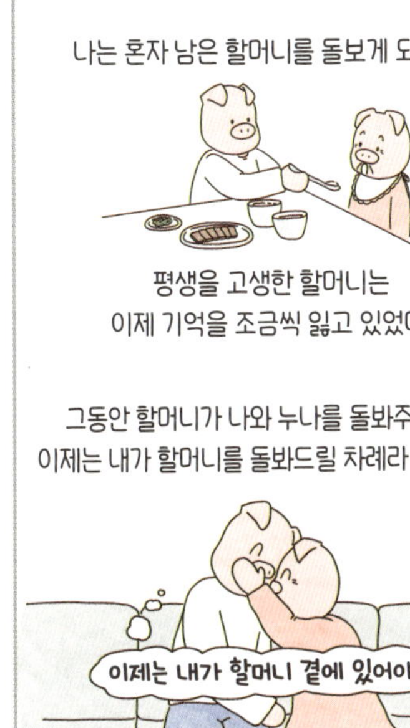

나는 혼자 남은 할머니를 돌보게 되었다.

평생을 고생한 할머니는
이제 기억을 조금씩 잃고 있었다.

그동안 할머니가 나와 누나를 돌봐주었으니
이제는 내가 할머니를 돌봐드릴 차례라 생각했다.

이제는 내가 할머니 곁에 있어야지.

그런데 엄마가 나타났다.

나 왔어.

엄마가 너무 늦게 왔지?

아버지 돌아가셨더라.

엄마가 어떻게 아셨어요?

뒤에는 설마….

뭐 마실 건 없니?

부동산 취득세 신고하라고
우편 왔더라. 재산 정리를 해야지.

아빠가 사망한 뒤 남아 있는 상속재산의 취득세를 내라고 엄마한테 우편이 간 것이다.
엄마가 아빠 재산을 왜 신경 써요?
어머, 나도 상속인인데.
당연히 신경을 써야지, 얘는.
나도 얼마나 고생했는지 아니?

20년 만에 나타나서 아빠 재산을 찾는 건 말이 안 되죠.
같이 오신 분이랑 지금 함께 살고 있다면서요!
다른 남자랑 애도 낳고 살면서 무슨 염치로 그러세요?
참나~

풋, 우선 알았다.
정말 말이 안 통하는구나.
엄마는 그렇게 집에 돌아갔다.

그리고 엄마는 일방적으로 상속 등기를 마쳐버렸다.
어, 어떡해….
상속인 누구나 혼자 일방적으로 법정상속분대로 등기할 수 있다는 점을 악용한 것이었다.

도리를 저버린 상속권

　상속인이라면 상속을 받을 권리가 있다. 평생을 절연하고 살아온 자녀, 평생을 별거하여 이미 연이 끊긴 배우자, 이혼 후에 한 번도 자녀를 찾지 않은 부모까지, 이들에게도 상속권은 존재한다.

　단 한 번도 자녀로서의 도리, 배우자로서의 최소한의 역할, 부모로서 반드시 지켜야 할 양육이란 의무를 다하지 않은 자들에게도 상속권이 존재한다는 것이 부당하다고 느껴진다.

　그렇기에 이들을 상대해야 할 상속인들의 마음은 오죽할까? 평생을 절연했던 형제가 이제 와서 자신의 권리를 찾겠다면서 상속재산을 찾는 모습을 보고, 자식도 버린 어머니가 아버지의 재산을 찾는 모습을 마주하다 보면, 그들은 가족을 잃은 상실감에 더해 무력감까지 느낀다.

　상속전문변호사로서 도리를 디히지 않은 것을 넘어 자신의 의무를 저버린 상속인들을 보면 함께 분노하게 된다. 이 사건이 그랬다. 지금도 생각하면 '인간의 탈을 쓰고 어떻게 저리 뻔뻔할 수 있지?'라는 말이 절로 나오는 사건이었다.

　"나 이모야……."

　20년 전 남편이 쓰러졌다는 이유로 가출을 한 이후 나타난 어머니의 첫 마디였다. 그녀는 자신이 어머니라고 밝히지도 않았다. 자신을 이모라고 소개하면서, 아버지의 재산에 대해 물어봤을 뿐이다. 하지만 아무리 어린 나이에 헤어졌다고 해도 쓰러진 아버지와 평생 함께하면서 언젠가는 돌아올 것이라며 그토록 기다렸던 어머니를 잊고 싶어도 잊을 수 없었다.

"이모요? 정말 이모라고요?!"

그녀는 자녀들이 자신을 알아보는 것 같자 곧바로 자리를 떠났다. 그리고 남편의 이름으로 된 토지들에 대한 법정상속 등기를 마쳤다. 법정상속 등기는 상속인의 동의가 없어도 할 수 있다는 점을 악용한 것이다.

자녀들은 상속 등기가 되었다는 사실을 알고 나서야 나를 찾아왔다. 가출 후 다른 남자와 자녀까지 낳은 어머니를 용서할 수 없다는 것이었다. 난 자녀들의 기여분을 주장했다. 배우자로서 어떠한 도리도 다 하지 않았는 데다 어머니로서 자녀를 방임한 그녀가 상속재산을 받아서는 안 된다고 생각했기 때문이다.

당시만 해도 상속권 상실 규정 등이 없었기에 기여분이 아니고서야 상속재산을 분할받지 못하게 할 방법이 없었다. 그리고 법원은 특별한 부양만으로 100%의 기여분을 인정하는 판결을 내주었다. 법원 또한 상속인으로서 어떠한 도리도 하지 않은 것을 넘어 아픈 남편과 어린 자녀들을 유기한 그녀에게 상속재산을 분할할 수 없다고 여긴 듯했다.

하지만 그녀는 멈추지 않고 항고를 했고, 자신이 피해자라고 주장했다. 남편의 폭력에 어쩔 수 없이 나간 것이라는 등의 주장을 펼치며, 자신에게 상속권이 있다고 주장했다. 모든 것을 남의 탓으로 돌리는 그녀의 서면을 보면서 화가 치솟기도 했다. 다행히도 항고심 법원 또한 그녀의 주장을 인정해 주지 않았다.

그리고 2026년 개정 민법에 따라 상속인으로서 피상속인을 양육하지 않았다거나 부양의 의무를 다하지 않은 자의 상속권을 상실시키는 규정이 입법되었다. 상속권 상실 규정의 입법을 진심으로 환영한다.

기여분이란, 상속재산분할심판을 할 때 상속재산 중 일부는 자신의 기여가 있으니 그 부분을 먼저 고려해서 분할하라는 것이다. 기여분은 공동상속인 중 피상속인의 재산 유지·증가에 특별히 기여했거나, 피상속인을 특별히 부양한 상속인이 법정상속분 외 추가로 상속재산을 분할받는 것이다.

【민법】

제1008조의2 (기여분)

① 공동상속인 중에 상당한 기간 동거·간호 그 밖의 방법으로 피상속인을 특별히 부양하거나 피상속인의 재산 유지 또는 증가에 특별히 기여한 자가 있을 때는 상속 개시 당시의 피상속인의 재산가액에서 공동상속인의 협의로 정한 그 자의 기여분을 공제한 것을 상속재산으로 보고, 제1009조 및 제1010조에 의하여 산정한 상속분에 기여분을 가산한 액으로써 그 자의 상속분으로 한다.

② 제1항의 협의가 되지 아니하거나 협의할 수 없는 때는 가정법원은 제1항에 규정된 기여자의 청구에 의하여 기여의 시기·방법 및 정도와 상속재산의 액 기타의 사정을 참작하여 기여분을 정한다.

③ 기여분은 상속이 개시된 때 피상속인의 재산가액에서 유증의 가액을 공제한 액을 넘지 못한다.

④ 제2항의 규정에 의한 청구는 제1013조 제2항의 규정에 의한 청구가 있을 경우 또는 제1014조에 규정하는 경우에 할 수 있다.

기여분은 예를 들어 부모님을 평생 모셨거나 부모님께서 병환에 있을 때 곁에서 간병을 한 자녀라든지 부모님께 평생 용돈을 드리거나 부모님의 빚을 갚아 드리는 등 부모님을 경제적으로 지원한 자녀에게 상속재산을 더 주는 제도라고 보면 된다.

그런데 기여분을 주장하려면, 대부분 변호사가 "기여분 인정은 힘들어요."라고 말한다. 그 이유는 기여분이 상대적 기여를 따지기보다는 절대적 기여를 따지기 때문에 기여분 인정이 어렵다는 뜻이다.

즉, 기여분을 '무녀독남 외동아들이라면, 당연히 해야 할 부양 정도 혹은 당연히 해야 할 경제적 지원 정도'라고 본다면, 다른 형제들이 외면했다는 사실만으로는 기여분으로 인정하지 않는다. 그래서 기여분 청구를 했을 때 이를 인정받는 과정이 매우 까다롭다.

✅ 일명 '구하라법', 상속권상실규정 ★개정된 민법 내용 반영

상속을 받을 자격이 없는 사람도 상속인으로 지정되는 것은 부당하다는 의견이 지배적이었고, 그 의견이 드디어 법으로 나왔다. 일명 **구하라법**이다.

민법 제1004조의 2에 규정된 **상속권상실규정**은 상속인이 될 사람이 피상속인에 대한 부양 의무를 중대하게 위반하거나 중대한 범죄 행위 또는 그밖에 심히 부당한 대우를 한 경우 등에는 피상속인의 유언 또는 공동상속인 등의 청구에 따라 가정법원이 상속권의 상실을 선고할 수 있도록 한 제도이다.

> **【민법】**
> ### 제1004조의2 (상속권 상실선고)
> ① 피상속인은 상속인이 될 사람이 다음 각 호의 어느 하나에 해당하는 경우에는 제1068조에 따른 공정증서에 의한 유언으로 상속권 상실의 의사를 표시할 수 있다. 이 경우 유언집행자는 가정법원에 그 사람의 상속권 상실을 청구하여야 한다.

1. 피상속인에 대한 부양의무를 중대하게 위반한 경우

2. 피상속인 또는 그 배우자나 피상속인의 직계 혈족에게 중대한 범죄행위(제1004조의 경우는 제외한다)를 하거나 그밖에 심히 부당한 대우를 한 경우

② 제1항의 유언에 따라 상속권 상실의 대상이 될 사람은 유언집행자가 되지 못한다.

③ 제1항에 따른 유언이 없었던 경우 공동상속인은 다음 각 호의 사유가 있는 사람이 상속인이 되었음을 안 날부터 6개월 이내에 가정법원에 그 사람의 상속권 상실을 청구할 수 있다.

1. 피상속인에 대한 부양의무를 중대하게 위반한 경우

2. 피상속인에게 중대한 범죄 행위(제1004조의 경우는 제외한다)를 하거나 그밖에 심히 부당한 대우를 한 경우

④ 제3항의 청구를 할 수 있는 공동상속인이 없거나 모든 공동상속인에게 제3항 각 호의 사유가 있는 경우에는 상속권 상실 선고의 확정에 의해 상속인이 될 사람이 이를 청구할 수 있다.

⑤ 가정법원은 상속권 상실을 청구하는 원인이 된 사유의 경위와 정도, 상속인과 피상속인의 관계, 상속재산의 규모와 형성 과정 및 그 밖의 사정을 종합적으로 고려하여 제1항, 제3항 또는 제4항에 따른 청구를 인용하거나 기각할 수 있다.

⑥ 상속 개시 후에 상속권 상실의 선고가 확정된 경우 그 선고를 받은 사람은 상속이 개시된 때에 소급하여 상속권을 상실한다. 다만, 이로써 해당 선고가 확정되기 전에 취득한 제3자의 권리를 해치지 못한다.

⑦ 가정법원은 제1항, 제3항 또는 제4항에 따른 상속권 상실의 청구를 받은 경우 이해 관계인 또는 검사의 청구에 따라 상속재산관리인을 선임하거나 그밖에 상속재산의 보존 및 관리에 필요한 처분을 명할 수 있다.

⑧ 가정법원이 제7항에 따라 상속재산관리인을 선임한 경우 상속재산관리인의 직무, 권한, 담보 제공 및 보수 등에 관하여는 제24조부터 제26조까지를 준용한다.

장남의 약속

아버지가 돌아가셨다.

···
할아범은 어디 갔지?
엄마, 여기 아버지 장례식장이잖아.

발인 마치면 내가 어머니 모셔갈게. 치매가 있으시니까.
오빠가?
그럼,
내가 장남인데, 내가 어머니 모시는 게 맞지.

어머니와 새언니는 사이가 좋지 않았다.

오빠도 새언니가 아버지와 어머니를 뵙는 것을 싫어한다는 사실을 잘 알고 있어서 명절 때도 혼자 오고는 했다.

그런데,
오빠가 엄마를 모신다고?

의아했지만, 당시 어머니는 치매 증상으로
매일 약을 챙겨 드셔야 했다.
어떻게 해야 할지 고민이 많았는데,
오빠가 모시겠다고 하니 정말 고마웠다.

우리가 돌아가면서 모셔야 하나?
어떡하지?

오빠, 정말 고마워.
그런데 말이야….
내가 어머니를 모셔야 하니까,
아버지 집은 내가 가져가야 하지 않을까?
그리고 어머니 병원비도 있어야 하니까
아버지 정기 예금도 필요할 것 같아.
응, 그렇게 해.

엄마, 오빠가 엄마 모신다는데
집 오빠한테 다 줘도 돼?
오빠가 나랑 산대?
그럼, 다 줘야지~.

오빠는 어머니를 모시는 데
필요한 것이 많다며,
아버지의 재산 대부분을 요구했다.

우리는 어머니만 편안할 수 있다면
상관없다고 생각해서
오빠의 요구를 모두 들어주었다.

그리고 오빠는 어머니 집으로 이사했다.

오빠가 어머니를 모신다는 약속을
지킨다니 정말 감사했다.

아버지께서 돌아가신 후
어머니의 치매 증상은 더 심해졌지만,
오빠와 함께 살기 시작하며 안정을 찾으셨다.

그러니 오빠에게는 고마운 마음뿐이었다.

그리고 몇 달이 지났다.
엄마, 잘 지내?
응
흠, 엄마 목소리가 좋지 않으시네.
새언니, 저 왔어요.
엄마, 나 왔어!

어머니의 건강이 걱정된 언니들과 나는 돌아가며 어머니를 찾아뵈었다.
새언니, 저 왔어요.
똑똑
엄마~

그러던 어느 날 새언니가 갑자기 언니들과 나에게 화를 냈다.
오늘은 어머니 괜찮아요?
하.
너무 자주 오는 거 아니에요?
혹시 저희 못 믿고 그러시는 거예요?

그렇게 못 믿겠으면, 아가씨들이 모셔요!

그렇게 오빠와 다투고 며칠 뒤였다.

엄마는 오빠가 이사 간 빈집에
홀로 계셨다.

그렇게 나는 엄마를 모시고 왔다.

그러나 엄마는 오빠가 떠난 뒤
모든 것을 놓았다.

엄마는 아무것도
뺏기지 않으려고 하셨다.
내 거야!
다 내 거라고!
다 먹은 밥상도, 갈아입어야 할 속옷도,
모두 집안 곳곳에 숨겼다.

엄마, 정말 왜 그래….
오빠, 제발 전화 좀
받아봐….

오빠에게 끊임없이 연락했지만,
오빠는 그날 이후 우리의 전화를 받지 않았다.
마치 모든 것을 계획한 것처럼 사라져 버렸다.
전화를 받지 않아
음성 사서함으로….

오빠는 그렇게 어머니가
돌아가실 때까지 나타나지 않았다.

그래도 엄마가 가장 아끼던
아들이었으니까 참고 참았다.

오빠는 어머니를 두고 이사를 간 이유가
우리 때문이라고 했다.
그러니 자신은 잘못이 없다고….

그리고 얼마 뒤 오빠는
우리에게 소송을 걸어왔다.
엄마 통장에 있는 돈을
우리가 썼다는 이유였다.

오빠가 어떻게 몰래 이사를 했는지,
그리고 어머니가 어떤 삶을 살았는지
자세히 작성했다.

동시에 어머니가 요양병원 한 번 가지 않고
끝까지 집에 있을 수 있었던 사실에 대한
노력도 강조했다.

그 결과,

탕
탕
탕

우리는 어머니를 모신 부분에 대한
기여분을 인정받아
어머니와 함께 살던 집을 지켜냈다.

부모 결을 지킨 시간

　상담하면서 가장 안타까운 이들이 기여분을 주장하러 오는 상담자들이다. 상담자들의 이야기를 듣다 보면, 부모님을 위하여 다른 자녀들에 비해 희생적으로 산 게 맞기는 하지만 이를 입증할 자료들이 많지 않아 법원에서 기여분을 인정해줄지 미지수인 경우가 많다. 심지어 상담자들 대부분은 다른 형제들의 가시 돋친 말로 이미 만신창이가 되어 상담을 시작하기에, 기여분 입증을 위해 자료를 수집하는 것부터 힘들어 한다.

　기여분 상담자들의 가슴에 비수를 꽂는 말은 "지금까지 돈 바라고 잘 한 거야? 다 재산 노리고 한 거네?"이다. 지금까지 부모님께 한 행동이 무엇을 바라고 한 것이냐는 말은 돌이킬 수 없는 상처를 남긴다. 그들이 치매가 걸린 어머니를 모시고, 쓰러져 일어나지 못하는 아버지를 모시다가 자신들도 이제 할머니, 할아버지가 되었는데, 인제 와서 돈을 바라고 한 것이냐는 말을 들으면, 가슴에 응어리가 질 수밖에 없다.

　그녀도 시간이 가는지 모르고 자신의 젊음을 바쳐 치매를 앓는 어머니를 모셨다. 어머니를 모신다는 오빠가 어머니를 덩그러니 빈집에 버려두고 이사를 간 날, 어머니를 집에 두고 올 수 없어 모시기 시작한 것이다. 처음에 어머니는 정신을 깜빡깜빡하는 수준의 치매였으나, 아들이 자신을 두고 떠난 날을 기점으로 정신을 완전히 놓았다. 마치 아들이 자신을 버렸다는 생각을 잊어버리고 싶었던 것처럼 말이다.

　어머니는 자신이 누구인지도 기억하지 못하면서 아무것도 뺏기려고 하지 않았다. 속옷을 숨겼고, 먹던 음식을 숨겼으며, 이를 정리하려고 하면 그녀의 머리채를 잡았다.

그런데도 그녀는 어머니를 요양병원으로 보낼 수 없었다. 어머니가 잠시라도 정신이 돌아왔을 때 딸마저 자신을 버렸다는 생각을 갖게 할 수는 없었다고 한다. 그렇게 어머니와 10년을 넘게 살면서 그녀 또한 60대 후반의 노인이 되었다.

자신도 나이가 들어가는 상황에서 부모님 곁을 지킨 것이 무엇을 바라고 한 일은 아닐 것이다. 나의 청춘을 부모님을 위해 살면서 자기 자녀 또는 배우자에게 분명 놓친 부분이 있을 것이고, 그 놓친 세월은 그 무엇으로도 보상받을 수 없으니 말이다.

설사 무엇을 바라고 한 일이면 어떠랴. 그 어떤 것을 바라고 했다고 한들 부모님은 자신의 곁에 남아있던 그 자녀로 인해 외롭지 않았고, 가끔은 행복했을 것이다. 그렇다면 그 자녀에게 더 많은 재산을 주는 것이 오히려 공평한 일이라 생각한다.

인당수에 몸을 던진 심청만이 기여가 있는 것은 아니다. 꼭 순수한 의도로 오직 효심에 가득하여 한 기여만을 기여로 인정해야 한다는 것은 인간에게 과도한 도덕성과 순수성을 요구하는 것이다.

기여분을 인정한다는 것은 피상속인이 사망할 때 남긴 재산 중 일부를 기여로 써 제외하고, 남은 상속재산만으로 공동상속인들 간에 나눈다는 것이다.

여기서 기여분이란 비율로 따진다. 즉, "상속재산 중 30%를 나의 기여로 인정해 주세요. 50%를 나의 기여로 인정해 주세요."라고 하는 것이 기여분이기 때문에 기여분은 비율로 주장한다.

【사례】 A가 사망했고, 공동상속인으로 자녀 B와 C가 있다. 상속재산은 4억 원 정도의 아파트 한 채뿐이고, 자녀 B가 자녀로서 도리를 넘어선 특별한 부양을 하고, 상속재산을 유지 및 증가하는데 경제적 기여를 했다고 가정해 보자.

법원에서 B의 기여를 30%로 인정하였다면, B와 C는 각각 얼마만큼의 재산을 분할받을까?

① (상속재산 + 특별수익) − 기여분 = 간주상속재산

② 법정상속분액 = 간주상속재산 × 각 법정상속 지분

③ 구체적 상속분액 = 법정상속분액 − 각 특별수익 + 각 기여분

$$④\ 구체적\ 상속분율 = \frac{상속인별\ 구체적\ 상속분}{상속인들\ 전체의\ 구체적\ 상속분\ 합계}$$

⑤ 최종 상속분액 = 상속재산의 현재 시점 가액 × 구체적 상속분율

앞의 계산법에 따르면 다음과 같다.

① 4억 원의 상속재산 중 30%에 해당하는 1.2억 원이 B의 기여가 된다.
② 4억 원 중 1.2억 원을 제외한 2.8억 원이 공동상속인들이 분할하는 상속재산이 된다.
③ 자녀들의 특별수익이 없다는 가정하에, 2.8억 원의 상속재산은 자녀 B와 C의 법정상속분인 2분의 1에 해당하는 1.4억 원을 분할받게 된다.
④ 최종적으로, 자녀 B는 자신의 기여분 1.2억 원과 상속재산으로 분할받은 1.4억 원인 총 2.6억 원을 분할받고, 자녀 C는 1.4억 원을 분할받는다.

따라서 자녀 B는 자녀 C보다 1.2억 원을 더 분할받게 된다.

✅ 쉽지 않은 기여분 인정

기여분을 인정받을 때 그 근거를 제시하는 것이 쉽지 않다. 그래서 늘 의뢰인들에게 '마른오징어도 짜면 물이 나온다'라고 비유하며, 기여분 근거는 그렇게 쥐어짜서라도 만드는 것이라고 설명한다. 그러면 기여분은 어떤 부분을 기준으로 주장하는 것일까?

기여분은 첫째, 상당한 기간 동거·간호 그 밖의 방법으로 피상속인을 특별히 부양했다거나 둘째, 피상속인의 재산 유지 또는 증가에 특별한 기여를 한 자에게 인정된다. 그래서 위의 두 가지 요건에 맞추어 기여분을 주장해야 한다.

◆입증이 어려운 특별한 부양

기여분 요건 중 특별한 부양과 관련해서는 입증이 매우 어렵긴 하다. 피상속인을 모시고 산 상속인이 피상속인과의 일상을 모두 메모하고 사진으로 모습을 담아 놓지 않는 경우가 보통이기 때문이다. 하지만 잘 생각해 보면 특별한 부양을 인정받기 위한 자료를 모을 수는 있다.

상속인이 피상속인과 함께 산 경우라면 주민등록초본상 주소지가 같다는 사실로, 피상속인을 모시고 산 사실을 입증할 수 있다. 기여상속인은 피상속인을 병원 등에 모시고 다녔을 경우가 많은데, 이때 의료기록사본, 간호기록지 등을 보면 피상속인의 보호자가 누구인지, 피상속인의 상태가 누군가의 도움이 필요한 상황이었는지 등을 알 수 있다. 또한 피상속인과 상속인의 관계를 잘 알고 있는 친척들의 사실확인서, 탄원서 등도 기여를 주장할 때 중요한 자료가 될 수 있다.

이와 같은 자료를 통해 상속인은 피상속인의 곁에 피상속인을 부양할 자가 필요했음을 입증하고, 그 부양을 상속인이 온전히 하였음을 입증할 수 있다.

◆특별한 경제적 기여

기여분 요건 중 경제적 기여를 입증하는 것은 특별한 부양을 입증하는 것보다는 수월하다. 경제적 기여는 피상속인과 상속인의 금융거래내역서, 피상속인 혹은 상속인이 작성한 가계부, 피상속인과 상속인 간의 차용증 등을 통하여 입증할 수 있다.

물론 상속인이 피상속인에게 현금으로 직접 준 내역까지 명확히 입증하기는 어려운 면이 있다. 하지만 기여분의 경우 수십 년 간의 일을 입증하는 과정이다 보니 명확한 자료가 아니더라도 상속인이 피상속인에게 경제적 지원을 했다는 정황 증거로도 기여분이 입증되기도 한다.

보고 싶은 나의 어머니

누나의 이야기
나는 엄마가 누군지 모른다.

엄마는 내가 어렸을 때 재가했다고 한다.
그러나 엄마의 새로운 배우자는
나를 원하지 않았고, 외할머니의 설득으로
엄마는 나를 두고 떠났다.

그래서 나는
외할머니와 함께 살았다.
외할머니가 돌아가신 후에는
친척 집을 전전했다.

가끔은 엄마가
그리웠고,
가끔은 엄마가
원망스러웠다.
그래서 어른이 되면 나는
절대 엄마를 찾지 않겠다고 다짐했다.

그러다가 엄마가 돌아가셨고
나를 찾는 동생이 있다는
소식을 듣게 되었다.

그리고 어머니가 돌아가신 뒤
재산을 정리하던 중
내게 누나가 있다는 사실을 알게 되었다.

우리는 소송을 시작했다.

나는 평생을 함께한 어머니의 재산을
존재조차 몰랐던 누나에게
주어야 한다는 사실을
받아들이기 어려웠다.

그래도 어머니의 딸이라고 하니,
나누어줘야 한다는 생각도 들었다.
한 번도 본 적 없기는 하지만….
그래, 나눠야지.

하지만 난 어머니와 평생 함께했고,
어머니 곁을 지킨 유일한 자녀였다.
내 삶이 곧
어머니의 삶이었다.

엄마, 나 합격했어!
엄마, 우리 여행 가자!
엄마, 내 여자 친구 예쁘죠?
엄마, 아파?
나랑 같이 병원 가자.

누나와 나누어야 한다고는 생각했지만,
나와의 추억,
내가 드린 용돈, 병원비,
다 이 재산에 있는데….
어머니 재산의 절반을 나누어 줄 수는 없었다.
절반은 못 드립니다.

어머니의 재산에는
동생의 경제적 기여가 있습니다.
어머니는 평생 남동생과 살지 않았습니까?
부양에 대한 노력을 인정해 주십시오.

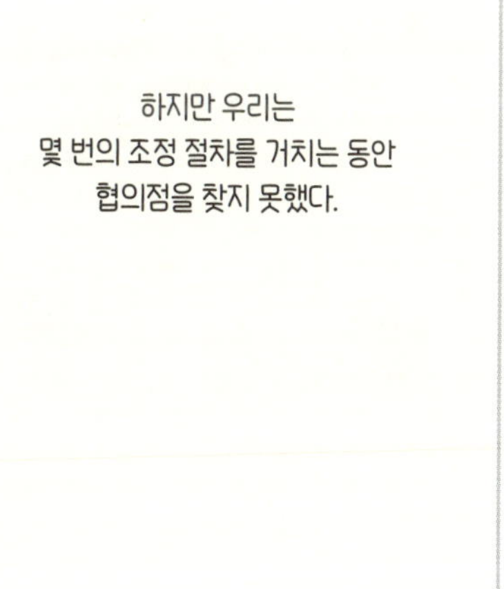

하지만 우리는
몇 번의 조정 절차를 거치는 동안
협의점을 찾지 못했다.

누나의 이야기
나는 평생 홀로 지냈고,
한 번도 어머니의 정을 느껴보지 못했다.

그런데 불쑥 찾아온 남동생이
평생을 어머니와 함께한 부분을 인정해 달라며
내게 기여분청구 소송을 제기했다.
나도 어머니가 보고 싶었어….
나도 어머니 모실 수 있었다고!
나도!

나는 소장을 받고 많이 울었다.
남동생이 말하는 어머니와의 추억이
너무나 부러웠다.

혼자 학교에 입학하고
혼자 졸업했다.
결혼식 때도 어머니는
없었다.
첫 월급을 받아도 선물을
사줄 사람이 없었다.
내가 아이를 낳을 때도 어머니는 없었다.

그래서 난 남동생에게 그 어떤 것도
양보하고 싶지 않았다.
그 아이는 그동안 어머니가 있었잖아요.
전 없었어요.
절대 양보 못 해요.

우리는 1심 재판 내내
서로를 비난하고 헐뜯었다.
우리는 남매의 정을 누리기도 전에,
남보다 못한 사이가 되었다.

2년이 넘도록 다퉜고,
우리는 지쳐갔다.

그리고 1심 재판부는
누구에게도 좋지 않은 판결을 내렸다.
탕
탕
탕
그래서 우리는 2심 재판을 시작했다.

2심 재판부
조정을 할 사건으로 보입니다.
재판장이 직접 조정하겠습니다.

평생을 함께 고생한 남동생이 더 안타깝다고,
평생 어머니를 못 보고 산 누나가
더 안타깝다고 할 수 없습니다.

조정할 수 있도록 양측 변호사는
잘 설득해 오세요.

218

상속에서의 공정함과 공평함이란

부모의 이혼으로 어머니의 정을 느껴보지 못하고 어머니와 연이 끊긴 딸과 어머니의 재혼으로 태어나 어머니의 고단한 인생을 함께한 아들이 있다. 이들에게 상속재산은 어떻게 나누어지는 것이 공정하고, 공평한 것일까?

딸은 자신도 엄마가 되었을 때 어머니가 그리웠다고 한다. 다른 산모들을 찾아오는 친정 식구들을 보며 애써 눈물을 감추었다고 한다. 어머니는 재혼으로 만난 남편의 폭력성을 견딜 수 없어, 아들과 함께 가출했다고 한다. 그리고 아들은 어머니와 평생을 함께하며 어머니의 마지막을 지켰다.

각자의 아픔을 가진 어머니의 자녀들은 상속재산분할심판을 통해 처음으로 대면하였다. 그리고 각자의 상처만을 주장하며 지루하고 긴 다툼을 이어갔다. 보통 상속 소송은 1년은 걸린다고 말한다. 1년 안에 마친다는 이야기가 아니고, 상속 소송을 시작하면 1년은 족히 걸린다고 봐야 한다는 의미이다.

특히 이 사건과 같이 아들은 기여분을 주장하고, 딸은 아들의 증여재산을 찾아 기여분을 반박하고자 할 때는 피상속인의 과거 부동산 내역부터 금융재산 내역까지 모두를 살펴봐야 한다. 그래서 상속재산분할심판이 제기되면 10년이 훌쩍 넘는 금융거래 내역을 확보하여 그 안에서 상속인들이 이체받은 내역이 있는지 등을 살펴봐야 하니 당연히 오래 걸릴 수밖에 없다.

심지어 상속 소송은 조정 절차를 반드시 진행해야 하기에 양쪽 당사자 간 서로의 주장을 모두 정리했다고 하더라도 판결을 바로 받을 수 있는 것도 아니다. 특히 상속재산분할심판에서 법원은 후견인적 재량을 가지고 상속재산을 공평하고 공정하게 분할하는 데 중점을 두기 때문에 이 사건처럼 상속재산을 분할하는 데 있어서 적정한 공정성을 찾고자 조정에 적극적으로 개입하기도 한다.

그래서 상속 소송은 판결을 받는 것만이 답은 아니다. 서로의 상황을 이해하고 양측 모두가 양보하되 최고의 합의점을 찾아 조정 절차에서 마무리하는 것이 보다 나은 선택일 때도 있다. 이럴 때 상속전문변호사는 우리의 입장만 관철하기보다는 서로의 입장을 이해시키는 역할을 하는 것 같다. 이처럼 상속재산분할심판은 상속재산만 나누는 것이 아니라 이로 인해, 더욱 합리적인 합의점을 찾아 가족의 틀을 깨지 않으려고 노력한다.

그리고 어머니가 그리웠던 딸과 어머니 곁을 지킨 아들은 법원의 적극적 개입과 양측 변호사의 각자를 이해시키려는 노력으로 조정 절차를 통해 마무리할 수 있었다.

이와 같은 설명만으로는 상속재산분할심판이 어떤 식으로 진행되는 것인지 막연할 수 있다. 지금부터 상속재산분할심판이 제기되면 어떤 순서로 절차가 진행되는지 알아보자.

상속재산분할심판을 제기해야 한다면 혹은 제기 받았다면, 상속재산분할심판이 어떤 방식으로 이루어지는지 알아두는 것이 좋다.

---

1. 심판청구서 작성 ▶ 2. 송달

    : 상속인 전원이 당사자가 됨.

    : 송달 후 30일 내 반드시 답변할 필요 없음.

      ▶ **3. 조정기일 :** 당사자 간 화해를 하는 자리

        ▶ **4. 임의 조정 ▶** 조정일 확성

        ▶ **4. 강제 조정 ▶** 2주 내 이의를 제기하지 않으면 ▶ 확정

          ▶ 2주 내 이의를 제기하면 ▶ 심문기일

      ▶ **3. 심문기일 :** 당사자 간 재판장 앞에서 다투는 자리

        ▶ **4. 판결 ▶** 2주 내 항고하지 않으면 ▶ 확정

          ▶ 2주 내 항고하면 ▶ 항고심 진행(2심)

✅ 소 제기부터 송달까지

상속재산분할심판은 상속인 전원이 참여해야 하는 비송사건이다. 즉 소송이 아니란 것이다. 그래서 민사소송과 다르게 상속인들이 상속재산분할심판 청구서를 송달받은 후 30일 내 답을 하지 않았다고 해도 '무변론 원고 승소 판결'을

하지 않는다. 즉, 상속재산분할심판이 제기되면 청구인이 청구를 취하하지 않는 한 상속재산이 분할된다는 것이다. 그래서 상대방의 답변과 상관없이 조정기일과 심문기일이 열린다.

✅ 조정기일이란?

조정기일은 상속인 전원이 다투지 말고 화해할 수 있는 자리를 만드는 것이다. 그래서 조정기일에는 상속인 전원이 자신이 생각하는 분할에 관한 의견을 가지고 기일에 참석해야 한다.

조정기일은 조정하는 날 당일 모든 상속인이 하나의 의견으로 일치하는 경우, 그날 모든 상속인이 도장을 찍고 의견의 합치를 보면 임의조정을 했다고 한다. 임의조정은 조정을 한 그날 상속재산분할이 모두 확정되는 것이다.

다만 조정하는 날 일부 의견이 맞지 않아서 대립하는 경우가 있다. 이 경우 법원은 강제조정결정이라고 하여 조정안을 제시하는데, 이때 상속인들은 위 조정안을 2주간 생각해 보고 이를 받아드릴 수 없다면 이의를 신청하고, 만약 받아드릴 수 있다면 이의를 신청하지 않으면 된다. 상속인 중 한 명이라도 이의를 신청한다면, 강제조정대로 조정이 성립될 수 없고, 모든 상속인이 이의를 제기하지 않아야만 법원이 제시한 조정안이 성립하여 상속재산이 분할된다.

✅ 심문기일이란?

심문기일은 재판장 앞에서 특별수익이 있는지, 기여분 주장은 타당한지 등의 법적 잣대를 가지고 상속재산을 구체적인 상속분에 따라 분할하기 위한 자리라고 보면 된다. 심문기일이 시작되기 전 증거 신청을 하고, 그 증거 회신을 기초로 한 서면을 가지고 상속인들 혹은 그들의 대리인이 만나, 심문기일에 주장하는 것이다.

조정기일에 상속재산분할에 대한 의사의 합치가 되지 않으면, 심문기일을 통하여 상속재산분할심판문을 받아야 하는데, 이때 특이점이 있다. 민사소송의 경우 변론 기일을 모두 마치면 판결선고기일이 정해지지만, 상속재산분할심판은 심판문이 나오는 기일을 정하지 않는다. 통상 몇 번에 걸친 심문기일을 마치고 나면, 두 달에서 세 달 사이 상속재산분할심판문이 나온다.

이 심판문을 송달받은 후 상속인 중 누구라도 이의가 있다면 2주 안에 2심 절차를 위하여 항고해야 하고, 만약 이의가 없다면 그대로 확정된다.

당신은 나를 정말 사랑했나요?

하지만 토끼 같은 나의 아이들 덕분에
엄마~!
아빠~!
그리고 늘 열심히 사는
남편 덕분에 난 정말 행복했다.

10년 후
우리는 10년 만에 월세방에서 벗어나
집을 살 수 있었다.
와, 우리 집이다!
우와

방이 두 개인 내 집.
여기 내 방이다!
와, 집 진짜 넓어!
그날 밤, 더할 나위 없이 행복했다.

그동안 정말 고생했어. 내가 정말 잘할게.
여보, 난 괜찮아.
고마워.

10년이 또 지났다.
얘들아, 백숙 먹자!

아빠 백숙은 정말 맛있어요.
백숙 가게를 차려보는 게 어때요?
그래? 그렇게 맛있어?

20년간 과일 가게를 한 남편은
허리가 좋지 않았다.
그래서 남편과 나는 다른 일을 해보려고 했고,
남편의 요리 실력이라면
음식점을 차려도 될 것 같았다.

그렇게 우리는 과일 가게를 하면서
모은 돈으로 작은 식당을 차렸다.
울아빠 백숙

남편의 백숙은 입소문을 타기 시작했고,
우리 식당은 맛집이 되었다.
울아빠 백숙
이거 줄이야?!
여기가 그 백숙 맛집이네!

감사합니다!
저희 대전에서부터 왔어요!
진짜 맛있다!

휴, 오늘도 정말 바빴다.
여보, 우리 알바생이라도 구할까?
내가 주방일을 할 테니까,
여보는 카운터만 보면 좋을 것 같아.

그렇게 남편의 제안으로
아르바이트생을 모집했다.
열심히 일하겠습니다
작고 여린 스무 살 아이.
우리는 그 아이를
아르바이트생으로 고용했다.

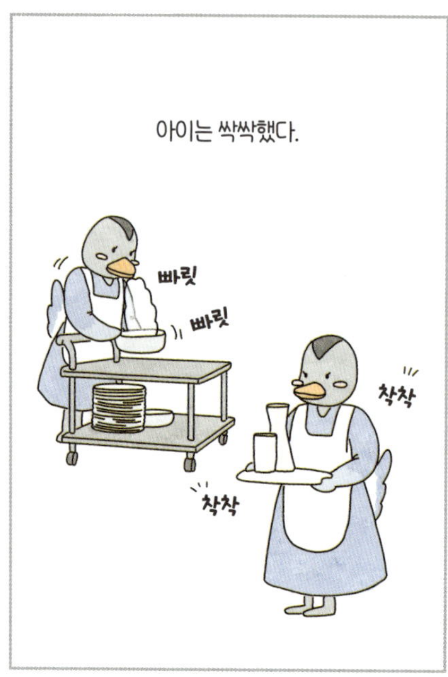

아이는 싹싹했다.
빠릿
빠릿
착착
착착

부모님이 안 계신다던 아이는
정말 열심히 일했고,
반찬 더 가져다드릴까요?
그 모습이 참 예뻐 보였다.

사장님, 수고하셨습니다.
먼저 들어가 볼게요.
집에 그냥 가지 말고,
김치 가져가!
자, 여기.
이모, 정말 고마워요.

난 어느새 아이의 사장이 아닌,
이모가 되었다.
갈게요~.

여보, 시간이 너무 늦었으니까,
차로 데려다주고 올게요.
네, 그래요~

자상한 나의 남편은 그녀를
매일 데려다주기 시작했다.
안녕히 계세요~
...

그러던 어느 날이었다.
남자 사장님, 단속 좀 시켜.
무슨 이야기야?
여직원이랑 너무 붙어 다니는 거 아니야?
엥? 아냐!
우리 남편이 원래 사람을 잘 챙기잖아.

주변 지인들의 조언에도
나는 남편을 믿었다.

여보, 시원하지?
주물
오늘도 고생했어!
주물
물끄럼-

당신 바람 피워? 사람들이 나보고
당신 의심 좀 하라고 하더라….

내가?
허허허,
별소리를 다하네.

내 다리를 주물러 주는 남편.
늘 자상한 남편.
그럴까?
야식 먹을까?
뭐 먹고 싶어?
내가 뭐 해줄까?
그래서 난 남편을 믿을 수밖에 없었다.

그러던 어느 날, 그날따라 몸이 좋지 않았다.
여보, 오늘 내가 몸이 안 좋네….
응, 오늘은 쉬어. 내가 먼저 나가서 알바생이랑 재료 준비할게.

그래서 식당에 나가지 않으려다가
남편만 고생시키는 것 같아 미안한 마음에 집을 나섰다.

어떻게 사장님만 해요. 나중에 이모 오시면 혼나요!
자기야, 내가 할게~.
깨르르!
허허허!

여보….
그렇게 난 내 남편이 바람피우는 걸 목격했다.

언제부터였어?
여보, 오해야….
오해? 어떻게
네가 그러니?

저… 이모, 죄송해요….
이모라고 하지도 마.

그렇게 나는 내 남편이 나에게만
자상한 남자가 아니었다는
사실을 알게 되었다.
그렇게 며칠을 펑펑 울었다.

여보, 정말
한 번만 봐 줘.
내가 정말 미쳤었나 봐….

믿었던 남편에게
느낀 배신감이 상당했지만,
그래도 난 남편을 용서했다.

그날 이후 남편은
성실히 일만 했다.

그리고 나는 내 가정과 아이들을 위해서
남편의 불륜 모습을 잊으려고 했다.
시간이 지나면서, 그때의 기억도
조금씩 잊을 수 있었다.

우리는 예전 그 일이
없었던 것처럼 살았다.

세월이 흘러 식당도 접었다.
울아빠
백숙

그렇게 일상을 지내던 어느 날이었다.
여보!
119…119…!

뇌졸중으로 쓰러진 남편은
한참 동안 병원에서 지냈다.

엄마, 그런데 아빠는
왜 자꾸 휴대전화를 숨겨?
그래? 난 모르겠는데….
?

남편의 일에 대해 모르는 딸은
내게 농담했다.

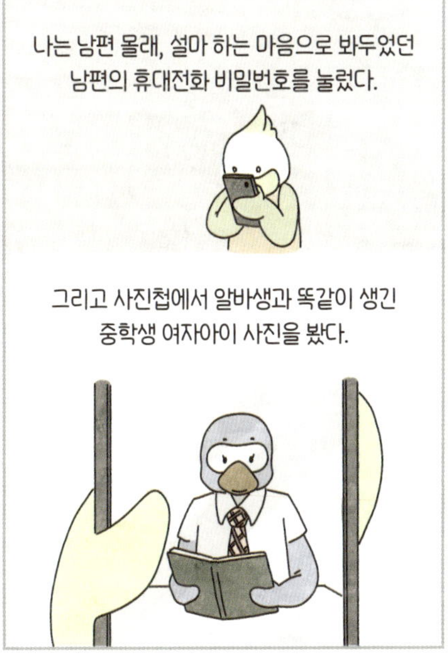

나는 남편 몰래, 설마 하는 마음으로 봐두었던
남편의 휴대전화 비밀번호를 눌렀다.

그리고 사진첩에서 알바생과 똑같이 생긴
중학생 여자아이 사진을 봤다.

남편은 나 몰래 알바생을 또 만났고,
그 사이에서 아이까지 낳은 것이었다.

난 더 이상 남편을 참을 수 없어
협의이혼을 했다.

그리고 변호사의 조언에 따라
남편에게 재산분할을 요구했고,
남편은 내가 원하는 대로 재산을 분할해 주었다.

남편과는 더 이상,
한순간도 함께 살 수 없었다.

그런데 남편이 쓰러졌다.

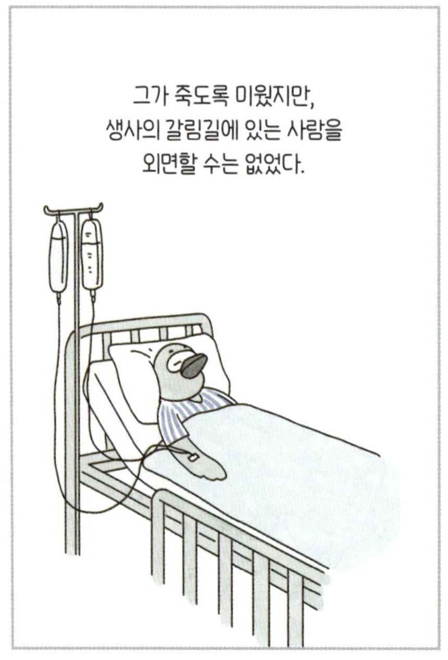

그가 죽도록 미웠지만,
생사의 갈림길에 있는 사람을
외면할 수는 없었다.

여보, 정말 미안해….
…

난 남편의 병실을 지켰다.

그리고… 남편은 10개월간
수차례 쓰러지기를 반복하다가 하늘로 갔다.

남편을 떠나보낸 뒤
나는 세월의 허무함과
남편에 대한 분노와 그리움
그리고 종잡을 수 없는 나의 마음으로
괴로운 시간을 보냈다.

그런데 집으로 소장이 왔다.

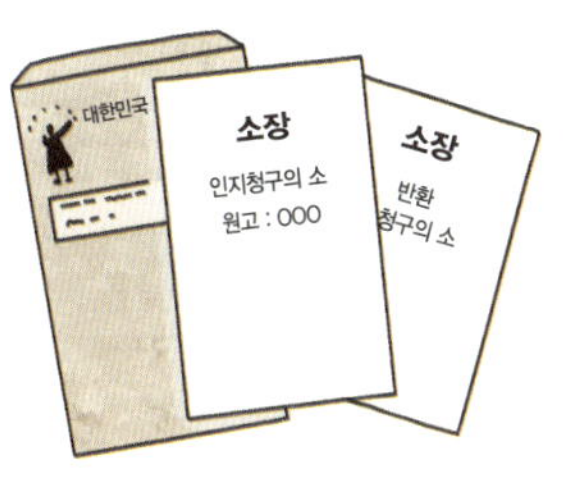

남편이 죽자,
그녀는 내게 당당히
소송을 걸었다.

그녀의 아이는 내 남편의
자녀가 되겠다고 했고,

그 아이는 자신이 남편의 자녀이니
내가 받은 재산을 반환해 달라고 하였다.

인지청구 소송은 인정될 거예요.
그것은 부인할 수 없어요.
하지만 유류분 소송은 말도 안 됩니다.
지금까지 살아오면서 정당히 받은 재산인데요.

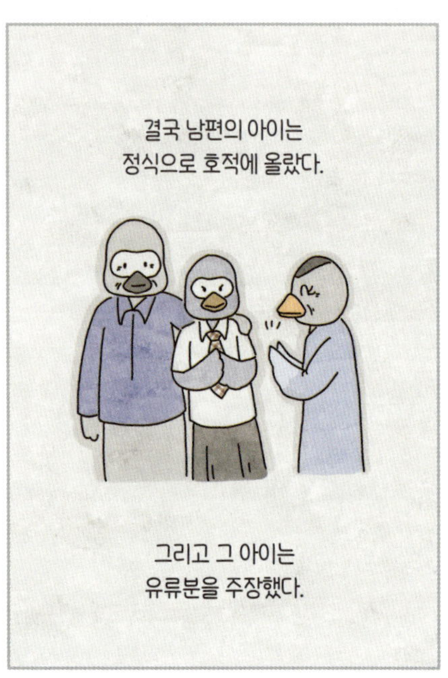

결국 남편의 아이는
정식으로 호적에 올랐다.
그리고 그 아이는
유류분을 주장했다.

배우자의 외도 사실을 알게 되어
이혼할 수밖에 없었습니다.
그리고 배우자의 외도로 인한 손해배상 청구로
인해, 또 그와 함께 이룬 재산을 공정하게
나누기 위해 재산을 분할받은 것입니다.
이는 유류분의 대상이 될 수 없는 재산입니다.

우리는 남편의 재산분할이
과도하지 않았음을 주장했고,
울아빠 백숙
모든 재산이 남편 명의로 되어 있었다는 점과
남편과 함께 식당을 운영하면서
형성한 재산임을 입증했다.

그리고 30년 가까운 외도라는 점을 부각하여,

내가 받아야 마땅한 정당한 위자료가
있었음을 주장했다.

남편의 외도에 따른 이혼으로 받은 재산이다.

그러므로, 이 재산은 유류분의 대상이 될 수 없다.

탕
탕
탕

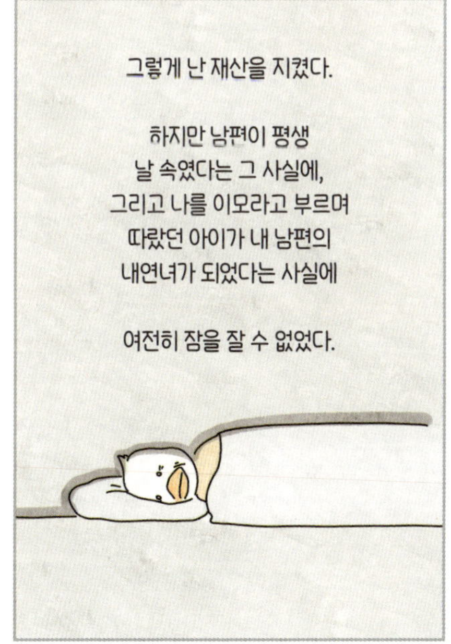

그렇게 난 재산을 지켰다.

하지만 남편이 평생
날 속였다는 그 사실에,
그리고 나를 이모라고 부르며
따랐던 아이가 내 남편의
내연녀가 되었다는 사실에

여전히 잠을 잘 수 없었다.

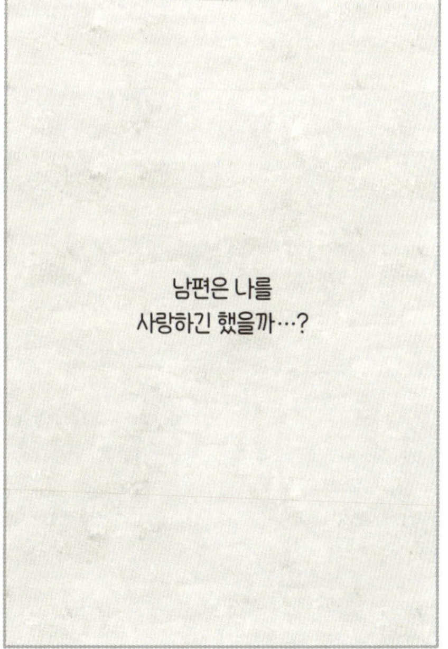

남편은 나를
사랑하긴 했을까…?

애도할 시간도 없이 시작된 소송

이 사건을 인스타 웹툰으로 올렸을 때, 웹툰이 여러 신문사에 기사화된 적이 있다. 웹툰은 사실을 기반으로 한 픽션이 가미되었기에 기사화까지 된 것이 어느 한 편으로는 무척 부담되었다.

그런데도 이 사건을 다루는 이유는 소송과 관련된 이야기를 하고 싶은 것이 아니라 혼외자, 재혼 등의 문제로 가족관계가 복잡한 경우에는 꼭 유언장이라도 작성했으면 하는 간절한 바람 때문이다.

난 이 사건으로 한 사람의 오래된 거짓말이 다른 사람의 노년의 삶을 모두 짓밟을 수 있음을 목도했다. 내가 누군가의 거짓말을 멈추게 할 수는 없겠지만, 그래도 어느 한 사람의 노년을 소송으로 보내지는 않았으면 하는 마음으로 이 사건을 소개한다.

내가 인지청구 소송부터 유류분반환청구 소송까지 의뢰받았을 때 의뢰인의 나이는 70대 중반을 훌쩍 넘을 때였다. 남편을 떠나보내고 자신의 노년을 마무리해야 할 시점에 남편의 평생 외도로 인한 소송으로 시간을 허비하게 된 것이다. 소송으로 시간을 허비하는 그녀가 더욱 안타까웠던 것은 남편에 대한 그리움, 미움, 원망이 뒤섞여 삶에 의미를 찾지 못하는 부분이었다.

그녀는 소송을 하는 내내 나만의 남편, 내 아이들의 다정한 아버지라고 생각했던 내 남편이 다른 여자에게도 친절한 남자였고, 다른 여자와 낳은 아이에게도 좋은 아버지였다는 것을 쉽게 받아들이지 못했다. 특히 자신을 이모라고 불렀던 알바생이 남편의 아이를 낳았다는 사실에 절망한 듯 보였다.

그녀는 가끔 "내 남편이 원래 친절한 사람이라 그래요. 남편이 가정에도 엄청 충실한 사람이었어요. 일만 하다가 힘들어서 그랬나 봐요." 등 남편을 옹호하는 말을 쏟아냈다. 그러다가도 "어린 여자가 좋았겠지요. 난 고생하면서 나이만 들었고……." 등 자신을 자책하는 말을 하기도 했다.

이처럼 그녀는 내 앞에서 남편이나 상간녀에게 분노하기보다는 남편의 행동에 이유가 있을 것이라면서 오히려 자신을 자책하기도 했다. 그렇게 그녀는 평생 함께한 남편의 거짓말로 빛을 잃어갔다.

부부간 정조 의무는 반드시 지켜야 한다. 그런데도 이를 지키지 못한 이들로 인하여 복잡한 가족관계가 형성되는 경우가 왕왕 존재한다. 그런데 피상속인이 복잡한 가족관계에서 상속 문제까지 해결하지 않고 떠나버린다면, 평생을 함께한 가족들이 피상속인을 애도할 시간조차 없이 소송에 휩싸이게 된다.

그러니 만약 가족관계가 복잡하다면, 유언장을 통해서라도 재산을 정리하고 세상을 편히 떠나기를 간곡히 부탁한다. 어른이라면 자신이 한 선택의 결과는 직접 해결하는 것이 맞지 않겠는가.

유언은 자필증서, 녹음, 공정증서, 비밀증서, 구수증서 이렇게 다섯 가지다.

【민법】

제1066조 (자필증서에 의한 유언)

① 자필증서에 의한 유언은 유언자가 그 전문과 연월일, 주소, 성명을 자서하고 날인하여야 한다.

② 전항의 증서에 문자의 삽입, 삭제 또는 변경을 함에는 유언자가 이를 자서하고 날인하여야 한다.

제1067조 (녹음에 의한 유언)

녹음에 의한 유언은 유언자가 유언의 취지, 그 성명과 연월일을 구술하고 이에 참여한 증인이 유언의 정확함과 그 성명을 구술하여야 한다.

제1068조 (공정증서에 의한 유언)

공정증서에 의한 유언은 유언자가 증인 2인이 참여한 공증인의 면전에서 유언의 취지를 구수하고 공증인이 이를 필기 낭독하여 유언자와 증인이 그 정확함을 승인한 후 각자 서명 또는 기명 날인하여야 한다.

제1069조 (비밀증서에 의한 유언)

① 비밀증서에 의한 유언은 유언자가 필자의 성명을 기입한 증서를 엄봉날인하고 이를 2인 이상의 증인의 면전에 제출하여 자기의 유언서임을 표시한 후 그 봉서 표면에 제출 연월일을 기재하고 유언자와 증인이 각자 서명 또는 기명 날인하여야 한다.

② 전항의 방식에 의한 유언 봉서는 그 표면에 기재된 날로부터 5일 내에 공증인 또는 법원서기에게 제출하여 그 봉인상에 확정일자인을 받아야 한다.

이 다섯 가지 유언 중 가장 많이 하는 유언 방식이 자필증서에 의한 유언, 공정증서에 의한 유언이다. 최근 스마트폰으로 영상을 찍어서 하는 녹음에 의한 유언도 많이 하고 있다.

유언공정증서에 의한 유언

유언공정증서에 의한 유언은 가장 다툼이 없는 유언이라고 볼 수 있다. 유언의 방식 중 가장 객관적이기 때문이다. 유언자가 두 명의 증인 앞에서 공증인에게 유언 내용을 구두로 말하면, 공증인이 이를 필기·낭독하여 유언자와 증인이 정확함을 승인한 후 서명·날인하는 방식으로 작성하는 방식이다. 또한 유언공증 비용은 유언할 대상 목적물의 가액에서 0.15%에서 21,500원을 더한 금액으로 최대 300만 원(출장비 등은 별도일 수 있다)을 넘지 않게 되어 있다.

유언공증은 직무상 공무원의 지위를 갖고 공증인 앞에서 진행하게 되므로, 유효성 인정이 다른 유언에 비하여 쉬운 편이라, 유언장 작성을 원한다면 유언공증을 추천한다.

✅ 자필 유언장 작성법

  자필 유언장은 유언자가 유언의 내용을 직접 작성하고 작성한 날짜, 유언자가 살고 있는 주소, 성명을 작성한 이후 반드시 날인해야 한다. 이때 날인은 인장으로 해도 되고, 무인(지장)으로 해도 관계없다.

【예시】

유 언 장

유언자 : ○○○
생일 :
주민번호 :
주소(거주하고 있는 곳의 주소) :

유언자 ○○○은 다음과 같이 유언한다.

1. A 부동산은 ○○○에게 증여하고, B 예금은 ○○○에게 증여한다.
2. 위 1.항의 재산 외 재산 및 향후 발생할 재산은 ○○○과 ○○○이 2분의 1씩 증여한다.
3. 유언집행자는 ○○○(주소 :   , 주민번호 :   )으로 지정한다.

작성일자 : 20○○년 ○월 ○일

유언자 성명 ○○○ (인)

  유언자의 주소는 유언장을 작성하는 곳의 주소가 아니다. 유언자가 실제로 거주하고 있는 곳의 주소를 말한다. 그래서 주민등록상 주소지를 기재해야 할 필요는 없다.

자필 유언장에서 유증할 부동산의 주소는 특정될 수 있도록 명확히 작성하는 것이 좋다. 또한, 유언자가 미처 발견하지 못한 재산이 있을 수 있고, 향후 재산의 변동이 있을 수 있기에 이 부분에 대한 유증 사항도 작성하는 것이 좋다. 위 내용을 작성해야 유증은 포괄유증이 되어서 향후 갈등을 줄일 수 있다. 또한 유언집행자를 반드시 지정할 필요는 없으나, 유언집행자를 지정할 수 있는 상황이라면 지정하는 것이 좋다.

✅ 녹음에 의한 유언

녹음에 의한 유언은 유언자가 유언할 내용을 말하고, 자신의 성명을 이야기한 이후 녹음한 날짜를 말해야 한다. 유언자가 유언 내용을 마치면, 증인이 유언자의 유언 의사를 정확히 하는 이야기와 함께 증인의 이름을 이야기해야 한다.

녹음에 의한 유언은 중간에 녹음을 중단하면 안 되고, 끊지 말고 한 번에 이루어져아 힌다. 유언 중 말을 잘못했다는 이유로 녹음을 중간에 멈추고 다시 연습한 이후 이어서 녹음을 하면, 그 녹음에 의한 유언은 무효가 되니 주의한다.

유언이 있을 때 재산분할은 어떻게 하나요?

유류분반환청구

01. 유언이 있을 때 재산분할

효자 아들

어머니가 떠나고
홀로 지내시던 아버지가 치매에 걸리셨다.
?

언니, 오빠, 나 삼남매는
그런 아버지를 보며 한없이 울었다.
아빠….
기억 좀 해….
나는 결혼을 한 뒤 오빠와 가깝게 지내지 못했는데,
그날만큼은 오빠에게 많이 의지했다.
오빠,
우리 아빠
어떡해….

우리는 곧 현실적인 문제에 직면했다.
언니, 우리 아빠
앞으로 혼자 지내시기는
어렵겠지?
그렇지….
어떻게 모셔야 할까?

어머님, 아버님
식사하세요.
언니는 시부모님을 모시고 살았고,
오빠는 언제나 자기 가족이 우선이었다.
잠깐만, 와이프한테
물어보고.

우리는 집으로 돌아가 가족들과 상의했다.
여보, 할 얘기가 있어.
우리 아빠가 치매라고 하셔, 어쩌지?
우리가 모시고는 싶지만 상황이….
집에서 가까운 요양원이 가장 낫지 않을까?
음, 그렇지…. 그게 가장 현실적이지.

우리 남매는 가족들과 상의 후 다시 모였다.
언니는 시부모님을 모시고 있고,
새언니는 직장을 다니니까…,
아무래도 내가 우리 집 가까운 요양원에서 모시는 게 가장 나을 것 같은데, 어떻게 생각해?

그런데,
내가 장남이니까 내가 모실게.
내가 지금까지 잘못한 게 많잖아.
아버지는 내가 책임질게.
오빠는 불효했던 옛날의 자신을 반성한다면서 아빠를 집에서 모시겠다고 했다.

치매 걸린 아빠를 집에서 모신다고?
진짜?!
오빠, 고마워.
그동안 오빠를 오해했었네!
그러니까!

오빠가 아빠를 모시는 동안
우리는 자주 전화를 했다.
오빠, 잘 지내?
내가 도와줄 건 없어?
오빠, 나야,
아빠 상태는 어때?

짜잔! 언니랑 오빠
온다고 구웠어.
먹자!
아빠 모시는 거 힘들지 않아요?
저랑 언니가 다른 방법을 찾아봐도 돼요.
괜찮아요. 오빠가
꼭 하고 싶다는데,
하게 해야죠.
오빠와 새언니, 그리고 나와 언니는
예전보다 가까운 사이가 됐다.

그러던 어느 날이었다.
아버지 건물 말이야, 아버지가 정신 드셨을 때
나보고 하라고 하더라고.
그래, 오빠, 그렇게 해.
아빠가 그러라고 했다며.
아빠가 오빠랑 살아서
좋으신가보다.
나와 언니는 오빠에 대한 고마움에
오빠의 말을 그대로 믿었다.

오빠의 말이 사실이 아니라고 하더라도
오빠가 아빠를 모시고 있는 만큼
아빠의 건물 월세는
오빠가 관리하고 사용하는 것이
당연한 일이라고 생각했다.

언니, 그런데 아빠…, 잘 지내시는 거 맞겠지?
아빠 옷이 너무 헤져 있던 게 마음에 걸리네….
아빠가 아프시니까 그런 거 아닐까?
응, 알겠어….
집에서 모시는 게 많이 힘들 거야. 우리 괜히 그런 생각은 하지 말자.

하지만 이상하게도 아빠를 만나고 돌아가는 길이면 늘 마음이 좋지 않았다.
계속 말라가는 아빠.
헤져가는 옷.
나는 아빠가 잘 지내지 못하시는 것 같았다.

여보세요~
오빠, 아빠 옷 좀 사다 드리려고.
뭐?
왜? 내가 아버지를 잘 못 모시는 것 같아? 지금 날 의심하는 거야? 너 이럴 거면 아버지 보러 오지 마.
오빠는 내 말에 불같이 화를 냈다.

그 후에는 내 전화를 잘 받지도 않았다.
하아….
…
우리의 사이는 다시 나빠졌다. 그리고 얼마 지나 아빠가 돌아가셨다.

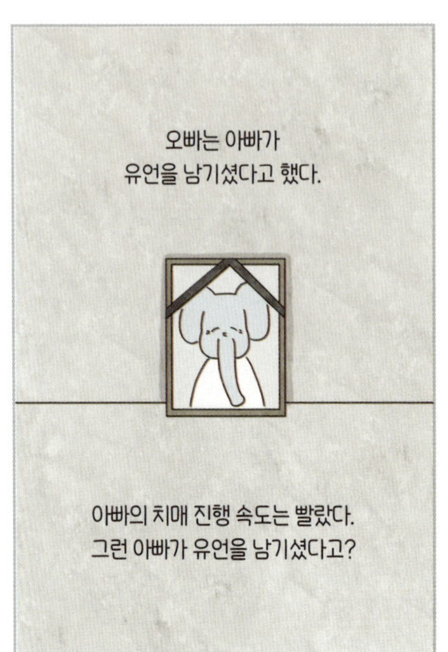

오빠는 아빠가
유언을 남기셨다고 했다.

아빠의 치매 진행 속도는 빨랐다.
그런 아빠가 유언을 남기셨다고?

아버지가 육성으로 남기신 유언이야.
아버지 목소리 맞지?
아버지는 내게 재산을
다 주고 싶어 하셨지만,
난 너희한테도 나눠주려고 해.

오빠, 그 음성 파일 줄 수 있어?
왜? 너네 지금
나 못 믿는 거야?
아니, 아빠 목소리가….
아버지 목소리 맞잖아.
왜 달라고 하는 건데?
그렇게 우리의 대화는 다툼으로 끝났다.

변호사님, 아빠 목소리는
맞는데 이상해요.
아빠는 유언할 능력이 없으셨거든요.
그리고 녹음도 이상했어요.
중간에 '탈칵' 하는 소리도 들렸고요.

유언검인기일이 열리면
그때 함께 들어봐요.
*유언검인기일 : 법원에서 유언장이 있다는 것을
확인하는 자리

유언검인기일
녹음 파일을
제출하세요.
녹음 파일
들어보겠습니다.
'나는 내 아들에게 전 재산을 주겠다….'
아빠의 목소리가 분명했다.
그렇지만…

아빠 목소리는 맞지만
저희 아빠는 유언을 할 수 있는
상태가 아니셨어요.
저희는 유언과 관련하여
이의를 제기하겠습니다.

뭐라고?
여기까지 와서도 그렇게 말해?
정말 너네 뻔뻔하구나!

우리는 그렇게 유언 효력
확인의 소송을 시작했다.

정말 이상해요.

믿을 수 없습니다.

저희 아빠는 편찮으셨다고요….

오빠 측에서
아빠의 유언이 맞다며
아빠의 전 재산을 자신에게 이전하라며
소송을 제기했다.

우리는 오빠의 녹음 파일이
조작되었다고 주장했다. 하지만 재판부는
우리의 주장을 쉽게 믿어주지 않았다.

조작된 게 확실합니다.

아버지 육성이 맞다면서요.
그런데 조작을 했다는 것인가요?

아버지 육성은 맞지만…
녹음이 한번에 이루어진 게
아니라 짜깁기한 것 같습니다.

그래서 녹음 파일의 조작 여부를
알아보기 위해 감정을 신청했다.

감정 신청합니다.

그리고 아버지의 상태를 알 수 있는
진료 기록과 치매에 걸린 후의 사진,
영상들을 법원에 제출했다.

감정평가서가 도착했다.
이 녹음 파일은 하나의 녹음이 아니라 여러 개의 녹음을 붙인 것이다.

우리는 그제야 진실을 알게 되었다.
아버지, 이 글씨 읽어봐요.
응? 뭐를 읽으라고?
아버지, 다시 읽어봐요.
나는…
나는… 장남인 우리 아들…
아버지, 다시요!

우리는 유언확인의 소송에서 아버지의 유언이 조작되었음을 밝혀냈다.
믿을 수가 없다, 진짜.
사람이 어떻게 그래?

쳇.
그러면 상속재산을 법정상속분으로 나누자. 내가 아버지 모신 기여가 있지만, 그건 더 이상 이야기하지 않을게.
오빠는 끝까지 뻔뻔했다.

아빠의 뜻이었다며,
오히려 자신이 억울하다고 했다.

상속결격사유가 인정되면
오빠는 상속인의 자격을 잃겠지만
대습상속인인 새언니(오빠의 배우자)와
자녀들이 상속인이 되기 때문이다.

우리는 오빠에게서 재산을 지켜낼 수 있었다.

과한 욕심으로 당신이 얻은 것은 무엇인가요?

녹음된 유언의 진실

　유언장은 엄격한 요식성을 가져야 해서 유언자의 의사에 따라 작성된 것이라고 하더라도 그 요건의 흠결에 의하여 유언의 효력이 인정되지 않는 경우가 있다. 하지만 이 사건은 유언자의 의사에 따라 작성된 것이 아니란 점에서 기억에 오래 남는 사건이다.

　처음 딸들이 유언이 조작되었다고 말했을 때, '설마 유언을 조작했을까?'라는 생각을 했다. 유언의 요건에 문제가 없었고, 목소리 또한 아버지의 육성이 확실했기 때문이다. 하지만 딸들은 강력히 말했다.

　"아빠는 유언을 할 수 있는 상황이 아니었어요. 분명 조작된 거예요."

　난 의뢰인들의 말을 믿고 유언의 무효를 주장했다. 그리고 소송 중 감정을 통해 녹음 파일을 분석한 결과, 아버지의 유언과 증인들의 유언에 간격이 발생했음을 밝힐 수 있었다.

　쉽게 말해, 녹음에 의한 유언은 유언자가 유언의 취지, 성명, 작성일을 말하고, 연이어 증인이 유언이 정확하다는 취지의 이야기를 해야 한다. 그런데 이 사건에서는 아들이 아버지에게 유언을 말하게끔 시키고, 시간의 간격을 두고 증인이 마치 아버지의 유언을 목격한 것처럼 유언이 맞다고 말한 것이다.

　그러니 녹음에 의한 유언에서의 증인이 아버지가 유언을 말하는 것을 보았는지 안 보았는지 알 수 없게 되었다. 결국 오빠가 주장하는 아버지의 유언은 무효가 되었다.

　당시 우리는 아들의 상속결격사유를 주장할 수도 있었으나, 아들이 상속결격자가 된다고 하더라도 며느리와 손자가 대습상속인으로서 상속자가 되는 법률 규정의 문제가 있어 상속결격을 주장하지는 않았다. 오히려 아들이 아버지를 모시면서 아버지 통장을 유용한 부분을 밝혀 아들의 상속분이 없는 것을 입증하였다.

그리고 법원은 우리 측의 주장대로 아들의 상속분이 전혀 없다는 판결을 내려주었다. 그런데도 우리 의뢰인들은 믿었던 오빠에 대한 배신감, 아버지를 보호하지 못했다는 죄책감으로 크게 기뻐하지 않았다.

물론 이 사건처럼 유언장을 조작하는 일보다는 유언자의 의사에 따라 유언이 작성된 경우가 훨씬 많다. 오히려 유언자가 작성한 유언장임에도 불구하고 유언의 요건을 지키지 못하여 유언이 무효가 되는 안타까운 경우가 더 많은 것 같다.

그래도 유언이 공개되었을 때 유언의 효력을 믿지 않는 상속인들이 많은 이유는 소개한 사건과 같이 간혹 유언이 조작되는 경우가 발생하기 때문이다. 그러니 유언장을 보관하고 있는 자라면, 다른 상속인들이 유언장을 믿지 않는다고 너무 섭섭해할 것도 없고, 유언장이 있다고 해서 반드시 유언장을 곧이곧대로 믿을 필요도 없다.

그래서 유언장을 작성하고자 한다면 유언의 방식에 따라 요건에 맞게 유언을 하는 것이 좋다. 특히 유언이 공개되었을 때 이를 믿지 않는 상속인들이 있을 수 있기 때문에 유언할 때 상황을 알 수 있는 영상을 녹화해 두는 것이 분쟁을 줄이는 좋은 방법이다.

피상속인의 유언이 있는 경우에 유언검인은 무엇이고, 유언의 효력은 어떻게 인정받는지 알아보자.

✅ 유언증서 검인 청구의 과정

◆유언의 검인

자필증서, 녹음, 공정증서, 비밀증서, 구수증서의 5가지 유언 중 공정증서에 의한 유언을 제외하고는 유언을 보관하거나 발견한 자는 피상속인의 주민등록상 마지막 주소지의 관할 가정법원에 유언검인을 청구해야 한다.

유언검인은 유언의 존재를 확인하고 유언이 위조 및 변조되지 않도록 보존하기 위한 것으로, 유언검인 절차가 진행되면 상속인들 전원에게 유언이 있음이 알려진다.

다만 유언의 검인은 유언이 있음을 확인하는 절차일 뿐 유언의 효력 여부를 다투는 것이 아니기 때문에 유언의 효력 여부를 다투고자 한다면 별도의 민사소송을 진행해야 한다.

◆유언의 검인기일

유언의 보관자 혹은 발견자가 유언검인청구를 하면 유언검인기일이 열리게 된다. 유언검인기일에는 유언자의 상속인 혹은 그의 대리인이 참석하여 유언장을 개봉하는 날이다.

그래서 유언검인을 청구한 자는 원본인 유언을 가지고 나와야 하고, 이를 법원의 재판장에게 전달해야 한다. 이때 법원에서는 유언자의 유언이 어떤 유언의 방식인지 자세히 검인조서에 작성하고, 청구인에게 유언장을 보관 혹은 발견한 경위 등을 물어본 후 청구인의 대답을 검인조서에 작성한다.

또한 유언자의 상속인들은 당일 유언자의 유언을 확인하고, 법원에서는 상속인들에게 유언에 대한 이의가 있는지를 질의한 후, 그에 따른 대답을 검인조서에 작성한다.

✅ 유언검인 후 유언 효력 인정받기

유언검인기일에 상속인 전원이 유언장을 인정한다거나 참여하지 않은 상속인을 포함하여 과반수 이상의 상속인이 유언의 인정에 동의한다면, 별도의 민사소송 없이도 유언에 따른 상속재산의 유증이 가능하다.

다만, 참석한 상속인 중 한 명이라도 유언에 문제가 있다고 답변하거나 참석하지 않은 상속인을 포함하여 과반수 이상의 유언의 이행에 대한 동의를 얻지 못하면, 별도의 민사소송이 제기되어야 한다.

이때 유언에 대한 효력 확인의 소를 제기하는 경우도 있고, 유언이행청구 소송을 제기하는 경우도 있다.

◆유언이 유효일 때

통상 유언은 재산을 공평하게 분할한 경우보다는 특정 상속인에게 재산이 많이 분할된 경우가 더 많다. 그래서 유언이행청구 소송 등을 통해 피상속인의 유언이 유효하게 되면, 상속인들은 유류분반환청구 소송을 고려한다.

유류분반환청구 소송은 피상속인이 생전에 증여했거나 유증을 통해 특정 상속인에게 재산을 준 경우 다른 상속인이 자신의 상속분 중 일부라도 되찾기 위한 소송이다. 다만 유류분반환청구권은 한시적으로 있는 권리이므로, 기간을 넘기면 안 되기 때문에 서면에서 유류분반환청구권과 관련된 명시적 의사 표시를 하거나 예비적 반소로 유류분반환청구 소송을 함께하는 것이 좋다.

예비적 반소란?

예비적 반소란 원고의 본소 청구가 인용될 경우를 대비하여, 본소 청구의 인용을 조건으로 제기하는 반소를 의미한다. 즉 법원이 원고의 주장대로 유언의 효력을 인정할 경우에 대비하여, 그 유효를 조건으로 유류분반환청구를 반소로 제기하라는 의미이다.

✅ 유언공정증서의 유언

◆유언의 검인이 불필요

다섯 가지 유언의 방식 중 유언공정증서는 피상속인이 사망하면 곧바로 유언집행자가 유언을 이행할 수 있다. 그래서 유언검인청구를 할 필요도 없고, 상속인들에게 유언공정증서의 존재를 알려야 하는 것도 아니다.

◆유언공정증서의 효력이 의심스러울 때

유언공정증서라고 해서 무조건 유효한 유언은 아니다. 그래서 유언공정증서가 있다고 하더라도 당시 유언자가 의사 능력이 결여되었다고 여겨진다면, 유언무효확인의 소송을 제기하기도 한다.

다만 이때 주의할 것은 유언무효확인의 소송을 진행하는 중 유류분반환청구권의 소멸시효가 지날 수 있다는 점이다. 그러니 유언무효확인의 소를 제기하고 있더라도 서면에서 유류분반환청구권과 관련된 명시적 의사 표시를 하거나 예비적 청구로 유류분반환청구 소송을 함께하는 것이 좋다.

주위적 청구란?

주위적 청구는 가장 먼저 법원에 판결을 구하는 청구이며, 예비적 청구는 주위적 청구가 기각되면 판단을 구하는 청구이다. 즉 주위적 청구로 유언무효확인청구를 하더라도 예비적으로 유언이 유효할 것을 대비하여 유류분반환청구도 제기하라는 의미이다.

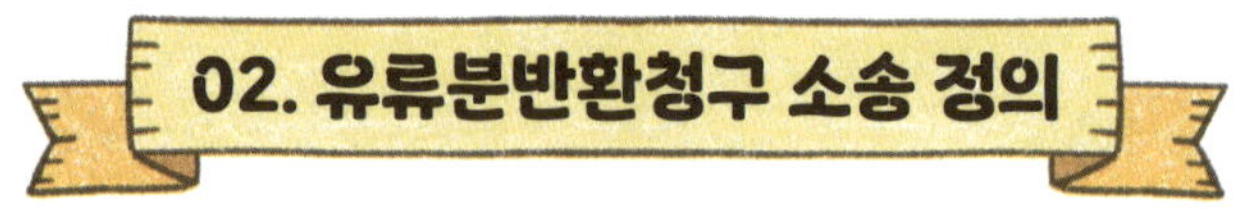

우리 막내아들

어머니는 늘 날 따뜻하게
맞이해 주셨다.

난 아버지의 혼외자다.

아버지는 나의 친어머니와 날 낳은 후,
나를 자신의 호적에 올렸다.
그렇게 아버지의 아내는
나의 어머니가 되었다.

어머니를 처음 만난 것은
내가 여덟 살쯤 되었을 때였다.

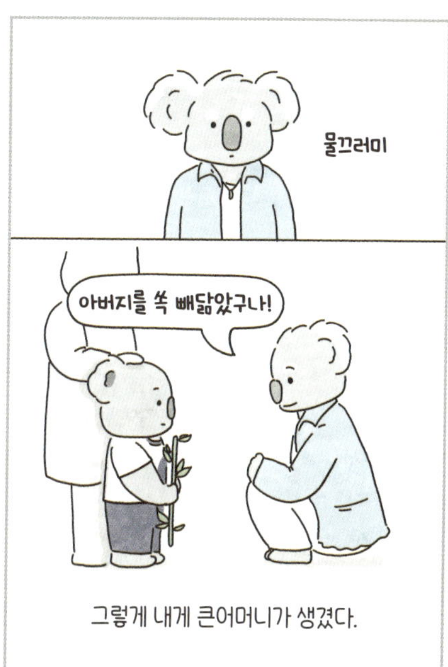

그렇게 내게 큰어머니가 생겼다.

아버지는 큰어머니,
즉 아버지의 본처와 함께 살았고,
우리 집에는 거의 오지 않았다.

나는 방학이나 명절이 되면
아버지 댁에 가고는 했다.

그때마다 큰어머니는
내가 형들과 잘 지낼 수 있도록
반갑게 나를 맞이해 주셨다.

그러던 어느 날
큰어머니는 날 막내아들이라 불러주셨다.

큰어머니의 '막내아들'이라는 말은
아버지 집의 문턱을 넘는 내 무거운 발걸음을
조금이나마 가볍게 만들어 주었다.

그리고 마법 같은 그 말은
내가 큰어머니를 '어머니'라고
부를 수 있게 만들어 주었다.

아버지 댁에는 잘 다녀왔니?
큰어머니께서는 잘해주셨니?
네, 명절 음식도 주셨어요.
엄마랑 같이 먹으라고요.
좋으신 분이야….
그러니까 늘 죄송한 마음으로
살아야 해, 우리는….

어머니, 제가 결혼을 하게
되었는데요. 아버지랑 함께….
아니지.
아버지랑 네 엄마가 앉아야지.
그게 맞는 거란다.
난 괜찮아.

고맙습니다.
죄송해요, 어머니….
토닥
토닥

세월이 지나 몸이 안 좋아지신 큰어머니는
병원에서 지내게 되셨다.
어머니, 괜찮으세요?
우리 막내아들 왔네.

어머니는 병원에서도
주변 사람들에게 나를 막내아들로 소개하며
늘 따뜻하게 대해 주셨다.
우리 막내아들이야.

여느 때처럼 어머니와 과일을 먹던 중
어머니가 조심스럽게 말을 꺼내셨다.
있잖아….
내 남은 재산은 큰형한테
주고 싶은데, 괜찮니?
어머니, 당연히 괜찮죠.
우리 막내아들이 섭섭해할 것 같아서 그렇지….

아니에요.
큰형이 고생 많았잖아요.
저에게도 이렇게 물어봐 주셔서 정말 감사해요.
당연하지….
너도 내 자식인데….

그리고 얼마 후 큰어머니가,
아니 나의 어머니가 돌아가셨다.

큰형은 어머니의 유언공증을 보여주었고,
엄마의 유언이야, 봐 봐.
다른 형들은 크게 반발했다.
이거 진짜야?
엄마가 이랬다고?

큰형
따르릉
따르릉
여보세요~
막내야, 둘째와 셋째가 나한테 유류분 소송을 걸었네.
형, 괜찮아요?

막내야, 너도 할 거니?
형님, 저는 어머니가 저를 받아주신 것만으로도 감사해요.
제가 왜요, 전 안 해요.

그래, 고맙다.
형, 밥 잘 챙겨 드시고요….
형과 통화를 하고 나서 마음이 안 좋아졌고,
작은형들의 마음이 조금이라도 풀리길 바랐다.

그리고 얼마 후, 나는 소장을 받았다.

친생관계부존재확인의 소
"큰어머니와 막내아들은 친생관계가 아니다."

둘째 형과 셋째 형이 내게 소송을 건 것이다.

내가 어머니의 호적에서 제외된다면,
자신들의 유류분 비율이 더 높아질 수 있으니
나와 어머니 사이를 끊어놓으려는 것이다.

여기서 잠깐!

현재 어머니의 자녀가 4명으로 되어 있어
유류분 비율이 8분의 1입니다.
그러나 의뢰인이 자녀에서 제외되면
자녀가 3명이 되면서 유류분 비율이
6분의 1이 됩니다.

둘째 형과 셋째 형은 큰형님이 가져가신
재산 중 8분의 1이 아닌 6분의 1을
차지하기 위해 의뢰인과 어머니의
친생관계를 끊으려는 것입니다.

변호사님,
제가 어머니 자식에서
빠져야 하는 건가요?

아무리 돈이 중요하지만
그래도 우리 동생인데!
그리고 어머니가 인정하셨는데,
어떻게 자기들 마음대로
연을 끊어버릴 수 있나요?
쾅!

흠….

물론 친자가 아닌데
친생관계로 호적에 올라와 있는 것은
잘못된 것이 맞습니다.
하지만 입양 관계가 형성되었다면,
잘못된 호적이라 해도 유지할 수 있어요.

우리는 친생관계부존재확인의 소에서
어머니와 나의 인연을 자세히 설명하였다.

매해 명절과 생신 때면 만나 뵈었고,
어머니의 장례식에서도 상주를 맡았기에
어머니와 나의 인연을 끊어서는 안 됨을
이야기하였다.

그리고 오직 유류분 소송을 위해
부모와 자식 간의 인연을 끊어버리는 것은
불합리하다는 것을 강조하였다.

유류분을 둘러싼 가족의 선택

그는 어머니가 전 재산을 큰형에게 준다고 했을 때도 크게 속상하지 않았다고 한다. 평생을 어머니의 막내아들로 살 수 있었다는 것에 대한 감사로 감히 유류분반환청구권을 행사해야 한다고 생각조차 하지 않았다.

어머니는 단 한 번도 그를 밖에서 낳은 자식, 혼외자라고 치부하지 않았다고 한다. 늘 그를 맞이할 때 "우리 막내 왔어?"라며 맞아주셨고, 그 따뜻한 말에 구김살 없이 클 수 있었다고 한다. 그런 그가 날 찾아오게 된 것은 다른 형들로부터 친생관계부존재확인의 소장을 받았기 때문이다.

다른 형들은 큰형에게 유류분반환청구 소송을 제기했는데, 그가 상속인에서 제외되어야만 법정상속분이 늘어난다. 그래야 유류분반환 비율도 늘기 때문에 그를 상속인에서 제외하고자 어머니와의 친생관계부존재를 확인받고자 한 것이다.

"친어머니는 이미 10년 전에 돌아가셨어요. 만약 지금 어머니랑 연이 끊기면 제 아이들에게도 할머니가 없어지는 것 아닌가요?"

친생관계부존재확인의 소는 당사자 일방이 사망하여 검사를 상대로 소를 제기하는 경우에는 사망을 안 날부터 2년 이내에 제기해야 하는 제척기간의 문제가 있다. 만약 형들의 주장대로 그와 어머니 사이 친생관계부존재가 확인된다면, 그는 더 이상 가족관계등록부상 어머니의 자리에 친모도, 지금의 어머니도 등재되지 못하게 된다.

물론 다른 형들 입장에서는 유류분 비율을 높여야 하니, 친생관계부존재확인의 소를 제기하는 것이 경제적으로는 옳은 선택이었는지도 모른다. 하지만 자신들의 유류분을 조금이라도 더 받기 위하여 모자 관계연을 끊어내는 것이 과연 도의적으로 맞는 것인지 의문이 든다.

물론 이 사건처럼 유류분반환청구 소송이 도의적으로 의문이 되는 경우만 있는 것은 아니다. 오히려 부모님의 궂은일은 자신이 다 했는데 부모님의 재산은 다른 형제가 받는 상황도 있고, 부모님을 모신다는 명목하에 수십억 원의 돈을 유용한 경우도 있으므로 이런 경우를 고려할 때 유류분이라는 제도라도 있어서 다행인 때도 많다. 한번은 한 매체와의 인터뷰에서 어느 작가가 이런 말을 한 적이 있다.

"유류분이 없어져야 하는 제도라고 생각했는데, 취재를 하면 할수록 아직은 우리나라에 유류분이 필요한 것 같아요."

내가 유튜브에 유류분반환청구권에 대한 영상을 올리면 꼭 올라오는 댓글이 '유류분은 악법이다'라는 내용이다. 하지만 상속전문변호사로서 많은 유류분 사건을 다루다 보면 '정말 유류분이 있어서 다행이다.'라고 생각되는 소송이 더 많은 것 같다.

헌법재판소도 2024년 4월 25일 유류분에 관하여 헌법불합치 결정을 내렸는데, 이는 사법부 입장에서 유류분이 아직은 있어야 하는 제도로 유류분상실 규정과 기여분을 주장할 수 있도록 수정하는 것이 오히려 타당하다고 본 것이다. 그래서 현재 유류분반환청구권은 엄연히 존재하는 권리이다. 그러면 우리나라에 유류분반환청구권이 왜 있는 것인지, 이때 유류분반환청구권으로 행사할 수 있는 유류분의 비율은 어떻게 되는지 알아보자.

✅ 유류분반환청구권이 있는 이유

유류분반환청구권은 모든 나라에 있는 제도가 아니다. 한국, 독일, 프랑스, 일본 등 대륙법계 국가들에는 있지만 미국, 영국 등의 나라에는 존재하지 않는다.

유류분반환청구 소송은 피상속인의 증여 또는 유언에 의한 재산 처분의 자유를 제한하여 법정상속인에게 상속분 중 일부라도 귀속되도록 보장하는 제도이다. 이 제도가 시작된 것은 1979년 1월 1일인데, 이때만 해도 남아선호사상으로 인하여 장남이 재산을 모두 증여 혹은 유증을 받아 배우자인 아내와 딸들의 생존권이 위협받는 일이 종종 있었던 시대였다. 그래서 재산을 전혀 상속받지 못한 상속인들의 생존권을 위하여 법정상속분까지는 아니더라도 일부라도 재산을 다시 반환받을 수 있도록 했다.

✅ 유류분의 비율

유류분 비율은 민법 제1112조에 규정되어 있다. 본래 피상속인의 상속인이 형제·자매인 경우에도 유류분반환청구권이 있었으나, 2024년 4월 25일 헌법재판소의 위헌결정에 따라 상속인이 형제·자매 즉 3순위 상속인에 대해서는 유류분반환청구권을 행사할 수 없게 되었다. 그래서 2024년 9월 20일을 기준으로 민법 제1112조의 4호가 삭제된 것이다.

제1112조 (유류분의 권리자와 유류분)

상속인의 유류분은 다음 각 호에 의한다. 〈개정 2024. 9. 20.〉

   1. 피상속인의 직계비속은 그 법정상속분의 2분의 1

   2. 피상속인의 배우자는 그 법정상속분의 2분의 1

   3. 피상속인의 직계존속은 그 법정상속분의 3분의 1

   4. 삭제 〈2024. 9. 20.〉

[본조신설 1977. 12. 31.]

[제목개정 2024. 9. 20.]

[2024. 9. 20. 법률 제20432호에 의하여 2024.4.25 헌법재판소에서 위헌 결정된 이 조 제4호를 삭제함.]

[헌법불합치, 2020헌가4, 2024.4.25, 민법(1977. 12. 31. 법률 제3051호로 개정된 것) 제1112조 제1호부터 제3호 및 제1118조는 모두 헌법에 합치되지 아니한다. 위 조항들은 2025. 12. 31.을 시한으로 입법자가 개정할 때까지 계속 적용된다.]

피상속인을 기준으로 직계비속과 배우자는 법정상속분의 2분의 1이 유류분 비율이다. 다만 피상속인을 기준으로 직계존속은 법정상속분의 3분의 1이 유류분 비율이다.

유류분 비율 실전 계산법

【사례】 A가 사망했을 당시 A의 배우자 B와 A의 자녀 C가 있다고 하자. 그리고 A의 아버지인 D가 있다고 하자. 이때 유류분 비율을 구해보자.

◆A 사망 당시 배우자와 자녀가 있는 상황

A가 사망했을 때 배우자와 자녀가 있는 상황이라면, A의 공동상속인은 배우

자인 B와 자녀인 C이다. A의 공동상속인인 배우자와 자녀의 법정 상속 비율은 1.5 : 1이기 때문에 배우자의 법정상속분은 3/5 비율이고, 자녀의 법정상속분은 2/5 비율이다. 이때 배우자의 유류분은 3/5의 절반인 3/10 비율에 의하고, 자녀의 유류분은 2/5의 절반인 1/5의 비율이다.

◆A 사망 당시 자녀 없이 배우자만 있는 상황

A 사망 당시 자녀 없이 배우자인 B만 있는 상황이라면, A의 공동상속인은 배우자인 B와 직계존속인 아버지 D가 된다.

A의 공동상속인인 배우자와 직계존속인 아버지의 법정상속 비율은 1.5 : 1이기 때문에 배우자의 법정상속분은 3/5 비율이고, 아버지의 법정상속분은 2/5 비율이다.

이때 배우자의 유류분은 3/5의 절반인 3/10 비율에 의하지만, 아버지의 유류분은 2/5의 1/3에 해당하는 2/15 비율이다. 즉 피상속인 사망 당시 직계존속인 피상속인의 아버지, 어머니의 유류분비율은 법정상속분의 1/3로 더 직은 편이다.

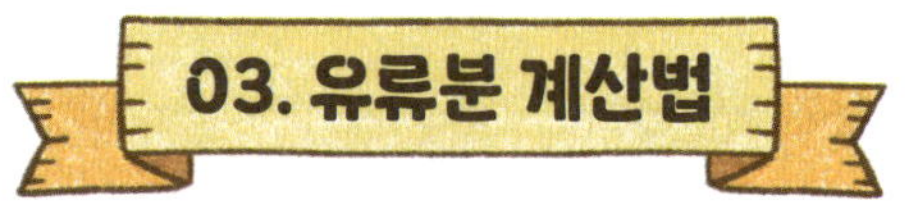

03. 유류분 계산법

딸 낳은 죄인

나는 잘난 남편을 둔, 종갓집 맏며느리다.
나에게는 임무가 있었다.

아가, 꼭 아들을 낳아야 한다.
나는 꼭 아들을 낳아야 했다.

그렇게 나는 3번의 유산을 겪었고
6명의 딸을 낳았다.
나는 계속 노력했다.
아들을 낳기 위해….

폐경이 오고, 아이를 낳을 수 없게 되었을 때
남편은 날 위로해 주었다.
여보, 괜찮아요.
우리 딸들이 다 똑똑하니까!
토닥
토닥
괜찮아요, 괜찮아….
그 말에 감사했고,
한없이 미안했다.

아들을 못 낳은 나는
시부모님이 두려웠다.

하지만 똑똑한 딸들 덕분에
시부모님의 냉대와 무시도 견딜 수 있었다.
저도요~
저 임용고시 합격했어요!
의대 합격했어요.
모의고사 1등했어요!

그러던 어느 날,
따르르릉 따르르릉
따르르릉
네, 여보세요.
남편이 아들 낳고
사는 거 아세요?
네?
뚜-
?
잘못 걸린 전화인가?

그리고 얼마 후 시부모님 댁에 가다가
과일을 사러 들린 슈퍼에서
동네 어르신이 내 손을 꼭 잡고 말씀하셨다.
...
정말 내 남편이 아들을
낳았다는 것이다.

남편은 실토했다.
진짜 어쩔 수 없었어!
알잖아, 우리 부모님!
정말이야!

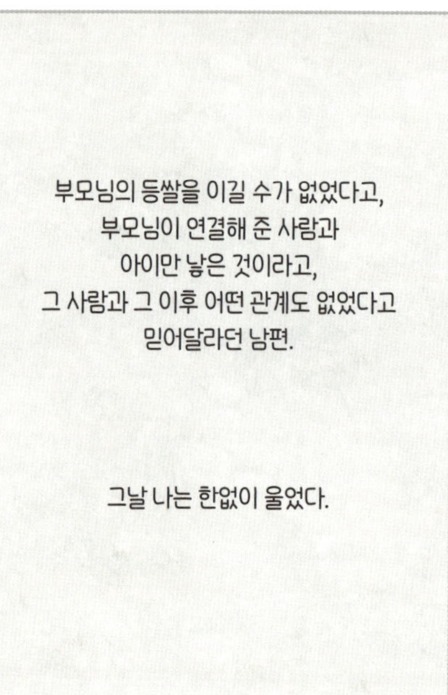

부모님의 등쌀을 이길 수가 없었다고,
부모님이 연결해 준 사람과
아이만 낳은 것이라고,
그 사람과 그 이후 어떤 관계도 없었다고
믿어달라던 남편.

그날 나는 한없이 울었다.

결국 우리는 가정법원에 갔다.
나는 그 앞에서도   주저앉아 울었다.

평생을 죄인처럼 살 테니,
제발 날 버리지 말아줘요.
제발….

우리는 그런 일이 없었던 것처럼 살았다.

그런데 아이가 중학생이 되었을 즈음
인지청구 소송이 제기되었다.

*인지청구 소송 : 부모가 스스로 자녀를 자신의 생부 또는
생모로 인지해 주지 않을 때 인지하여 줄 것을 재판으로
청구하는 것

그렇게 아이는 남편의 호적에
자녀로 올라갔다.

나는 혼란스러웠다.

그래, 그 아이도 호적에 올라가야지.

맞아, 당연해.

아니,
하지만 내 아이가 아닌데…!

내 마음을 진정시키기도 어려웠고,
어떻게 해야 할지 방법도 몰랐다.

결국 우리는 다시 이혼을 이야기하게 되었다.

그냥 이혼해.

엄마, 아빠! 다녀왔습니다!

오늘 학교에서 무슨 일이 있었냐면….

하지만 딸들의 인생에 흠집을 내는 것 같아
결국 이혼하지는 못했고,
수없이 다투기만 했다.

그러던 어느 날, 남편이 집 명의를 바꾸자고 했다.
집 명의를 당신 것으로 하려고 해요.
당신 마음에 시커먼 멍이 들게 해서 미안해.
평생 고맙고 미안한 마음으로 살았어….
그렇게 남편은 내게 집 명의를 옮겨줬다.
부동산증여계약서

어느새 노년에 접어든 우리는
다퉜던 날들도 잊고
하루하루를 살았다.

그리고 남편이 세상을 떠났다.
남편의 아들이니
장례식에 상주로 참여하도록 연락했다.
여보세요….

아들을 부른 것은
남편에 대한 나의 마지막 배려였다.
불러주셔서 감사해요.
아니다, 아버지가 돌아가셨는데,
당연히 불러야지.

그렇게 우리는 남편의 죽음을 함께 애도했다.
이제 저 아이를 볼 일은 없겠구나….

그런데 소장이 왔다.
유류분반환청구 소송
남편의 아들은 남편이
내게 준 집을 달라고 소송을 제기했다.

변호사님, 어떻게 소송을 걸 수가 있나요?
저… 남편과 함께 살면서
평생 정말 많이 상처받았어요.
딸 낳은 죄인이라는 생각으로 살았어요….

우리는 남편이 낳은 혼외자로 인한 고통,
평생을 함께한 배우자로서의 노력,
혼인을 유지하기 위한 헌신을 내세우며
유류분액을 줄이는 데 노력했다.

수차례 조정을 했지만
우리의 의견은 좁혀지지 않았다.

그리고 판결이 났다.
유류분 소송에서 기여를 인정할 수 없다는 대법원 입장에 따라 아내의 기여분을 인정할 수는 없다. 따라서 아내는 남편의 아들에게 유류분을 반환한다.

증여를 한 경위 등을 고려하여 유류분액이 줄기는 하였지만….
결국 그래도 줘야 하네요.
네.
유류분이라는 제도가 있는 한 유류분을 전혀 반환하지 않을 방법이 없었다.

변호사님, 어떻게 법이 이럴 수가 있나요?
죄송해요.
죄송해요.
털썩

그때 유류분 제도에서 기여분 청구가
가능했더라면 나의 의뢰인의 마음은
덜 아플 수 있었을까?

혼외자와 유류분 소송

내 마음을 많이 아프게 한 사건 중 하나이다.

지금은 아들보다 딸을 선호하는 세상이지만, 그 시절만 해도 아들을 낳지 못하는 며느리는 죄인과 같았다. 그래서 그녀는 아들을 낳으라는 시부모님의 강요를 이겨내지 못하고, 폐경을 할 때까지 아들을 낳기 위해 노력했다.

사실 이 사건이 내게 더 와닿았던 것은 나의 어머니가 생각났기 때문이다. 내 어머니도 아들을 낳지 못했다. 그래서 어머니는 친할머니가 우리 집에 왔다 가면 펑펑 울곤 했다. 그래서 난 어릴 적 친할머니가 우리 집에 오는 것을 무척이나 싫어했다.

평생 아들을 낳기 위해 노력한 그녀가 남편의 혼외자로부터 유류분 반환청구 소장을 받고 날 찾아왔을 때, 그녀의 멍든 가슴이 마치 내 어머니 마음 같아서 소송에서라도 꼭 이겨주고 싶었다. 그녀가 남편으로부터 받은 재산을 단 하나도 뺏기고 싶지 않았다.

그래서 아직도 난 그 판결문을 열어봤을 때의 마음이 생각난다. 유류분을 반환하라는 판결문의 내용을 전달하기 위하여 전화를 했는데, 난 판결문의 내용을 전달도 하지 못한 채 울고 말았다.

"죄송합니다……."

"변호사님 우세요? 울지 마세요. 괜찮아요."

당시만 해도 유류분반환청구 소송에서 유류분반환의무자의 기여분 주장을 인정하지 않았기 때문에 상속인에게 보장된 권리인 유류분을 단 하나도 주지 않을 방법은 없었다. 난 그 사실을 잘 알고 있었음에도 쉽사리 판결을 받아들일 수 없었다.

그렇게 우리의 소송은 끝이 났다. 하지만 여전히 가끔 의뢰인과 연락한다. 의뢰인들과 저녁식사를 하지 않는 편이지만, 집에 초대를 받아 함께 식사를 한 적도 있었다. 내가 그녀의 소송을 완벽히 이길 수는 없었지만, 평생 그녀의 변호사로 남고 싶은 마음에서다.

다행히도 2026년 개정 민법에 따라 유류분반환청구 소송에서 증여받은 재산에 대해 기여분을 주장할 수 있게 되었다. 그래서 이제는 유류분반환청구권을 행사할 때 소송 실익이 있는지 분석한 이후 소송 제기 여부를 결정하는 것이 좋다. 아무리 증여받은 재산이라고 하더라도 기여가 인정되어 유류분반환 대상에서 제외될 수 있으니 유류분반환청구를 하면 얼마큼의 재산을 반환받을 수 있을지 예상해 봐야 한다.

그러면 유류분반환청구 시 반환받을 재산을 계산하기 위한 기초 지식을 알아보자.

유류분반환청구 소송은 상속인이 증여받은 재산과 유증 받은 재산 전부에 대하여 유류분 비율만큼 반환받을 수 있는 소송이 아니다. 유류분반환청구 소송은 유류분액에서 자신에게 이미 특별수익이 있다거나 분할받은 상속재산이 있다면, 그 재산을 공제하고도 반환받을 금액만큼을 반환받는 것이다.

> **【민법】**
>
> **제1113조 (유류분의 산정)**
>
> ① 유류분은 피상속인의 상속 개시 시에 있어서 가진 재산의 가액에 증여재산의 가액을 가산하고 채무의 전액을 공제하여 이를 산정한다.
>
> ② 조건부의 권리 또는 존속 기간이 불확정한 권리는 가정법원이 선임한 감정인의 평가에 의하여 그 가격을 정한다.

여기서 유류분으로 반환받을 수 있는 재산이 얼마인지 계산하기 위해서는 유류분산정의 기초재산이 중요하다.

> **유류분 산정의 기초재산액** = 적극적 상속재산액 + 증여(유증)액(공동상속인에 대하여는 증여 시점 무관하게 전부 포함, 제삼자에 대하여는 상속 개시 전 1년까지의 증여액만 포함) − 상속채무액
>
> **유류분액** = 유류분 산정의 기초재산 중 당해 유류분권자의 유류분의 비율

유류분산정의 기초재산은 피상속인 사망 시 남아있는 상속재산과 증여재산, 유증재산을 모두 가산한 후 상속채무를 제외하면 된다. 이때 피상속인이 증여한 재산 혹은 유증한 재산 전부가 기초재산에 산정되는 것은 아니지만, 우선은 위 증여 및 유증재산을 모두 가산하면 된다고 쉽게 생각하면 된다.

유류분 산정의 기초재산을 모두 계산하였다면, 그 기초재산에서 유류분 비율만큼이 유류분액이 된다. 즉 유류분액은 유류분반환청구권자가 자신이 받은 증여재산, 상속받을 재산을 고려했을 때 최대로 받을 수 있는 금액이다.

유류분 부족액 = {유류분 산정의 기초재산액 × 당해 유류분권자의 유류분의 비율}
– 당해 유류분권자의 특별수익액 – 당해 유류분권자의 순상속분액

당해 유류분권자의 특별수익액 = 당해 유류분권자의 증여액(증여 시점 무관)
+ 유증액

당해 유류분권자의 순상속분액 = 당해 유류분권자가 상속에 의하여 얻는 재산액
– 상속채무 분담액

그래서 유류분 부족액은 유류분액에서 자신이 이미 받은 증여재산 혹은 유증재산이 있다면 이를 제외하고, 분할받을 순상속분(순상속분이란, 분할받을 상속재산에서 부담해야 할 상속채무를 공제한 금액을 말한다)도 모두 제외한 나머지 금액을 말한다.

이때 유류분부족액이 나오지 않는다면, 아무리 특정 상속인이 다소 많은 재산을 미리 받아갔다고 하더라도 유류분반환청구 소송은 할 수가 없다.

◆유류분 실전 계산법

 피상속인 A가 사망했고, 상속인은 배우자 B와 자녀 C, D가 있다.
A는 생전 C의 사업자금으로 12억 원의 돈을 지원한 적이 있다. 현재 남은 상속재산은 2억 7천만 원 가량의 아파트 한 채뿐이고, 채무는 아파트 담보채무로 7천만 원이 있다.
이때, 배우자인 B와 D는 C에게 유류분반환청구 소송을 할 수 있는지, 할 수 있다면 얼마를 청구할 수 있는지 알아보자.

배우자 B의 법정상속분은 3/7 지분이고, 자녀 C와 D의 법정상속분은 2/7 지분이다. 유류분 비율은 위 법정상속분의 절반으로, 배우자 B의 경우 3/14 비율이고, 자녀 C와 D의 경우 각 1/7 비율이다. 우선 상속재산이 있으면, 상속재산을 먼저 분할해야 한다.

① (상속재산 + 특별수익) − 기여분 = 간주상속재산

② 법정상속분액 = 간주상속재산 × 각 법정상속 지분

③ 구체적 상속분액 = 법정상속분액 − 각 특별수익 + 각 기여분

$$④\ 구체적\ 상속분율 = \frac{상속인별\ 구체적\ 상속분}{상속인들\ 전체의\ 구체적\ 상속분\ 합계}$$

⑤ 최종 상속분액 = 상속재산의 현재 시점 가액 × 구체적 상속분율

이 계산에 따르면 다음과 같다.

① 간주상속재산 14.7억 원 = 상속재산 2.7억 원 + 특별수익 12억 원

② 최종 상속분액

구체적 상속분액은 자녀 C가 초과특별수익자 즉 상속재산에서는 전혀 분할받지 못하는 상황이기 때문에 특별수익의 조정에 따라 다음과 같이 계산된다.

배우자 B = 1억 6천만 원

자녀 C = 0원

자녀 D = 1억 800만 원

또한, 상속채무는 법정상속분에 따라 분할되므로,

B가 3천만 원, C와 D가 각 2천만 원의 채무를 변제할 책임이 있다.

위 구체적 상속분을 고려하여 유류분 부족액을 산정하여야 한다.

**유류분 부족액 = {유류분 산정의 기초재산액 × 당해 유류분권자의
유류분의 비율} − 당해 유류분권자의 특별수익액
− 당해 유류분권자의 순상속분액**

① 유류분 산정의 기초재산액 14억 원

　　　　　= 상속재산 2.7억 원 + 특별수익 12억 워 − 상속채무 7천만 원

② 유류분액

　배우자 B : 14억 원 × 3/14 = 3억 원

　자녀 D : 14억 원 × 2/14 = 2억 원

③ 유류분부족액

　배우자 B : 3억 원 − 순상속분액 1.3억 원(분할받은 상속재산 1.6억 원

　　　− 부담할 채무 3천만 원) = 1억 7,000만 원

　자녀 D : 2억 원 − 순상속분액 8천 800만 원(분할받은 상속재산 1억 800만 원

　　　− 부담할 채무 2천만 원) = 1억 1,200만 원

따라서 자녀 C는 유류분으로 배우자 B에게 1억 7천만 원을, 자녀 D에게 1억
1,200만 원을 반환할 의무가 있다.

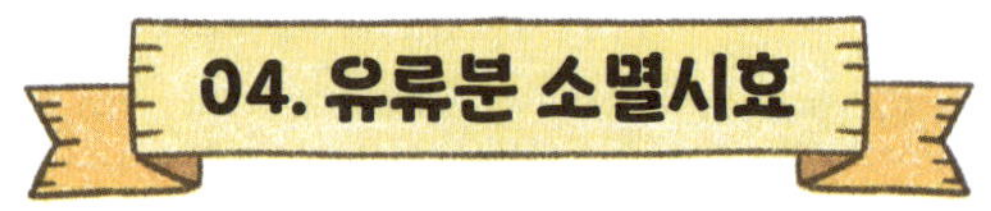

04. 유류분 소멸시효

나 아무 욕심 없어!

아버지가 돌아가셨다.
아빠….
아이고~!

오빠, 나 잠깐만
나갔다 올게.
어디 가는데?
어…. 내가 집에
놓고 온 게 있어서.

꼭 가야 해?
어머니가 너무 많이 힘들어 보이시는데….
미안해.
나 다녀올게.
여보~
아이고~

장례식 중에 여동생은
나와 엄마를 두고 자리를 비웠다.

그리고 우리는 아버지를 화장해
납골당에 모셨다.

아버지를 보내드린 후 함께 밥을 먹었다.

우리는 그렇게 조용히 아버지를
보내드렸다.

까똑
까똑
동생
오빠, 오빠 인감도장이랑 인감증명서,
기본증명서, 가족관계증명서
다 발급해서 주면 돼.
응, 알겠어.
은행 가려고 하는 거지?

동생
응. 은행 예금 다 찾아서 세금 내고
남는 건 이체할게.
고생이 많네. 우편으로
금방 보낼게.
나는 동생이 필요하다고 한 증명서와
도장을 우편으로 보냈다.
POST

며칠 후
띵동
10,000,000원이 입금되었습니다.
어?

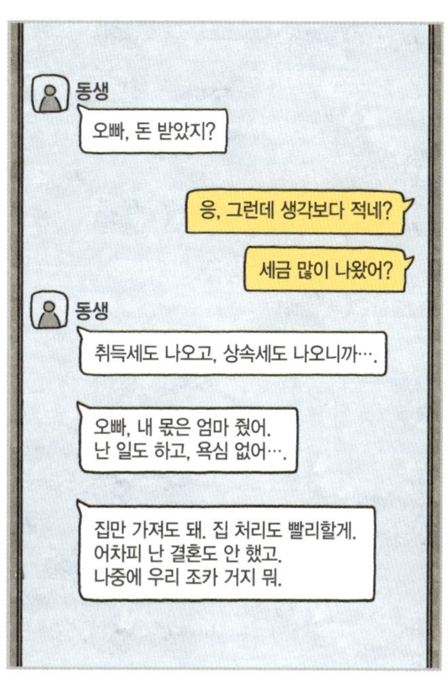

착한 내 동생 덕분에 순조롭게
상속 문제를 해결했다.

순조롭게 상속 문제를 해결했다고… 믿었다.

나는 회사 발령으로
집을 내놓게 되었다.

그러나 동생은 그날 이후 전화를 받지 않았고,
문자에도 답변이 없었다.

가족과 연락이 잘 닿지 않아서
스스로 찾아야 했다.

나는 인터넷 등기소에서
등기사항전부증명서를 발급받았다.
증명서에는 부동산에 '유증'이라 찍혀 있었고,
여동생에게 이전되어 있었다.

그런데 아버지 집에 내 이름은 없었다.
어떻게 된 일이지…?

동생이 유증으로 집을 받아 가신 것 같은데, 모르셨나요?
아, 동생이 분명 상속으로 처리한다고 했는데…. 등기 날짜를 보니까, 아버지 상 치르고 있을 때더라고요.

혹시 그 내용이 있으신가요?
제가 휴대폰을 바꿔서….

아버지가 돌아가신 지 3년이나 지나서, 지금은 유류분청구 소송을 하기 쉽지 않아요. 유류분 침해 사실을 이제 알았음을 입증하기가 어려워서요.
제가 할 수 있는 일이 없을까요?
있기는 한데….

그리고 나는 동생을 찾아갔다.
너, 내 전화 왜 안 받니?
어? 오빠?!

왜 아버지가 부동산 주신 거 이야기 안 했어?
이유라도 알아야겠다.
오빠, 나는 욕심 없어.
그냥 아버지가 어머니 모시고 살라고
주시는데, 어떻게 하겠어.

그러면 왜 말을 안 했어?
내가 말을 안 했었나?
미안, 나는 한 줄 알았어.
뭐라고?

그리고 엄마도 찾아갔다.
엄마!
벌컥
엄마, 저한테 왜 말씀 안 하셨어요?
괜히 싸울까 봐 그랬지….
동생이 결혼도 안 하고 사는데,
그냥 뭐라 하지 마라.

우리는 유류분반환청구 소송을 시작했다.
아버지의 유증 사실을 몰랐고,
이제야 알게 되었다고 주장했다.

***유류분 소송** : 유류분 침해 사실을 안 날로부터 1년 이내에 소송을 제기해야 한다. 그 기간이 도과되면, 유류분청구는 기각된다.

***민사소송** : 피고가 소장을 받고 30일 동안 답변하지 않으면, 무변론에 따라 원고가 승소하는 '무변론원고승소' 판결이 있다.

하지만 동생은
변호사를 선임했다.

그리고 동생에게 답변서가 왔다.
오빠는 유증 사실을 알고 있었고,
소멸시효가 도과했다.
따라서 오빠의 유류분청구를 기각해야 한다.
…

동생은 내가 유증 사실을 알고
있었다고 주장했다.
그리고 유증 사실을 알고 있었음을
입증하는 자료로 어머니의
사실확인서를 제출했다.
내가 다 말해서
아들은 유증 사실을 알고 있었어요.

변호사님,
어떻게 이럴 수 있죠?
이제 저희 증거를 보여드려야겠네요.

아버지가 돌아가신 지 3년이나 지나서,
지금은 유류분청구 소송을 하기 쉽지 않아요.
유류분 침해 사실을 이제 알았음을
입증하기가 어려워서요.
제가 할 수 있는 일이 없을까요?
있기는 한데….

뭔데요, 변호사님?!
제가 할 수 있는거면, 전부 다 할게요!

동생분을 갑자기 찾아가면
거짓말을 제대로 못 할 수 있어요.
누구든 당황하면 말의 앞뒤가
안 맞게 되지요.
동생분과의 모든 대화를 녹음해 오세요.

그리고 바로 어머니께 가서
똑같이 물어보세요.
그리고 전부 다 녹음해 오셔야 해요.

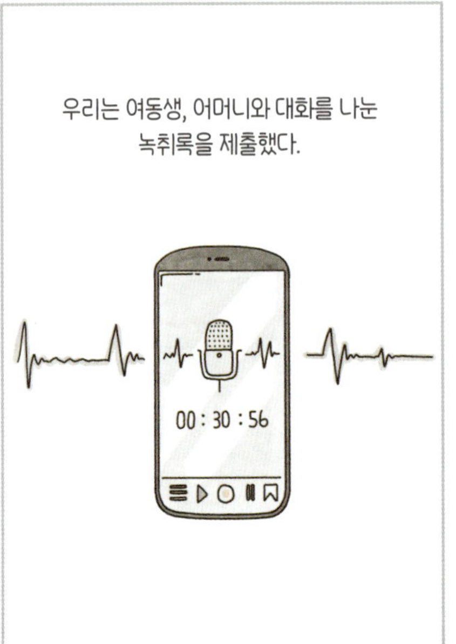

우리는 여동생, 어머니와 대화를 나눈 녹취록을 제출했다.
00 : 30 : 56

동생분은 오빠가 찾아갔을 때 앞뒤가 맞지 않게 이야기하고, 어머니도 오빠에게 말하지 않았다고 말합니다.
동생분은 거짓말을 하고 있습니다.

탕
탕
탕
동생은 오빠에게 유류분을 반환하라.

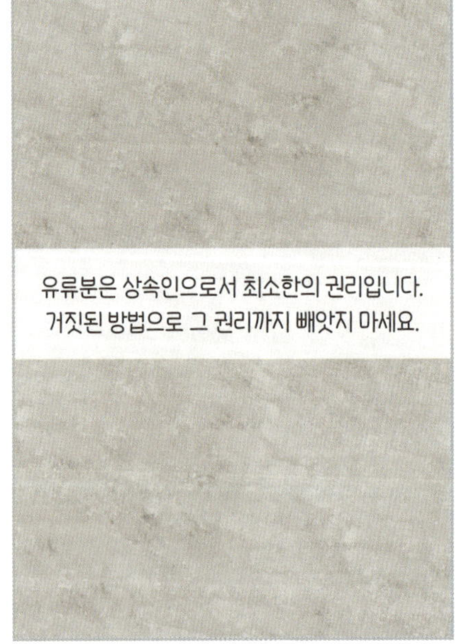

유류분은 상속인으로서 최소한의 권리입니다. 거짓된 방법으로 그 권리까지 빼앗지 마세요.

숨겨도 사라지지 않는 유류분

"제가 지금 증여를 받았는데 유류분을 안 줄 방법이 있을까요?"

"어떤 경위로 증여를 받으셨나요?"

"아버지가 절 많이 이뻐하셔서요."

현행 개정 민법에 따라 유류분을 반환하지 않을 방법은 유류분청구권자가 폐륜을 했다거나 유류분반환의무자가 기여했을 때를 제외하고는 거의 없다고 봐야 한다. 물론 '우리 아버지가 나에게 준 건데, 왜 다시 줘야 하지?'라는 생각을 하는 것은 당연한 이치일 수 있다.

그래서 증여를 받거나 유증을 받은 상속인은 재산을 반환하지 않고 싶은 마음에 피상속인이 돌아가시기도 전에 상담을 받으려는 경우가 있다. 심지어 유류분반환의무가 있는 상속인 중에는 피상속인의 사망 사실을 상속인들에게 숨긴다거나 증여받은 재산 혹은 유증 받은 재산을 숨기는 경우도 있다.

이 사건에서도 동생은 오빠의 유류분반환청구 소송을 막기 위하여 마치 상속재산을 분할하는 것처럼 행동하면서 유증 사실을 숨겼다. 유류분반환청구권은 유류분 침해 사실을 안 날로부터 1년 내 혹은 상속이 개시된 때로부터 10년 내에 청구해야 한다는 것을 이용하려 한 것이다.

실제로 의뢰인은 동생의 유증 사실을 3년이 지나고야 알았다. 의뢰인의 딸이 장학금을 신청하기 위하여 등기부를 발급하는 과정에서 인터넷 등기소가 있다는 사실을 알았고, 그때 우연히 아버지 부동산의 등기부를 발급해 보고서야 유증 사실을 알았던 것이다.

우리가 그녀에게 유류분반환청구 소송을 제기했을 때도 그녀는 유류분반환청구권의 소멸시효가 도과되었다는 주장을 제일 먼저 했다. 우리는 그녀의 항변을 기다렸다는 듯이 그녀가 스스로 자신이 유증 사실을 숨긴 이유를 말한 녹취와 과거 카카오톡 메시지를 제출하여 그녀의 주장을 무력화시켰다.

물론 우리가 제출한 녹취록에서 유증을 숨겼다는 사실을 자백하기도 했으나, 그녀는 아버지 사망 이후 상속재산에 관하여 이야기하는 과정에서 오빠에게 "난 아무 욕심 없어."라는 말을 카카오톡 메시지를 통해 수차례 반복했는데 그 말이 상속 개시 이후 유증 사실을 이야기하지 않은 결정적인 증거가 되었다.

이 사건처럼 유증 받은 상속인이 유증 사실을 숨기는 일이 발생하는 것은 유류분반환청구권이 상속인에게 평생 주어지는 권리가 아니고, 한시적으로 주어지는 권리이기 때문이다. 하지만 법이 그렇게 호락호락하지는 않다.

아무리 한시적인 권리라고 하더라도 유류분반환청구권은 유류분 침해 사실을 안 날로부터 1년 내에 제기할 수 있기 때문에 피상속인이 사망하고 1년만 지나면 된다고 생각해서는 안 된다.

그러면 유류분반환청구권은 언제부터 언제까지 행사할 수 있는 권리이고, 어떻게 행사하는 것인지 지금부터 알아보자.

상속재산분할심판은 피상속인이 돌아가신 후 10년이 지나서도 상속재산이 나누어지지 않았다면 청구할 수 있다. 하지만 유류분반환청구 소송은 피상속인이 돌아가신 지 일정 기간이 지나면 제기할 수 없다. 유류분반환청구권은 기한의 제한이 있는 한시적인 권리이기 때문이다.

> **【민법】**
>
> **제1117조 (소멸시효)**
>
> 반환의 청구권은 유류분 권리자가 상속의 개시와 반환해야 할 증여 또는 유증을 한 사실을 안 때로부터 1년 이내에 하지 아니하면 시효에 의하여 소멸한다. 상속이 개시한 때로부터 10년을 경과한 때도 같다.

✅ 유류분반환청구권의 행사 기간

유류분반환청구권은 **소멸시효**라는 것이 있다. 소멸시효는 권리자가 그 권리를 일정 기간 내에 행사하지 않으면 권리가 소멸한다는 것이다. 유류분반환청구권 또한 소멸시효에 따라 유류분 침해 사실을 안 날로부터 1년 이내 혹은 상속이 개시된 때로부터 10년 이내 청구해야 하는데, 위 두 기간 중 하나의 기간만 지나도 유류분반환청구권은 행사할 수 없다.

여기서 많이 오해하는 부분이 증여 사실을 상속 개시 전에 알았더라도 그 증여 사실을 안 날로부터 1년 이내에 소송을 제기해야 하는 것이 아니냐는 점이다. 당연히 아니다. 유류분반환청구권은 상속이 개시되었을 때 발생하는 권리이기 때문에 이미 증여된 재산을 알고 있었다거나 유증 사실을 알고 있었다고 하더라도 상속 개시일로부터 1년 이내에 유류분반환청구를 할 수 있다.

반대로 유류분반환청구권자가 피상속인이 사망한 후, 10년 동안 증여 사실과 유증 사실을 모르고 있다가 그 후에 위와 같은 사실을 알게 되었다고 하더라도, 상속 개시일로부터 10년이 지났기 때문에 유류분청구를 할 수 없다.

✅ 유류분반환청구권의 소송 기한

유류분반환청구권은 상속이 개시된 후 유류분 침해 사실을 안 날로부터 1년, 피상속인이 사망한 지 10년 내에 청구해야 할 권리라고 하면, 반드시 그 기간 내에 소송을 제기해야 하는 것으로 착각할 수 있다.

유류분반환청구권을 행사하는 방법은 반드시 소송일 필요는 없다. 유류분반환청구권자가 유류분반환의무자에게 재판상·재판 외 청구하겠다는 의사 표시를 하면 소멸시효는 중단된다. 여기서 재판 외라 함은 직접 말로 청구하거나 내용증명, 카카오톡 메시지 등의 다양한 방법으로 의사 표시를 전달하는 것이다.

그래서 유류분반환청구권자가 소송을 제기하기보다는 협의를 통하여 유류분 권리를 찾고 싶은데 소멸시효가 걱정이라면, 내용증명 등을 통하여 유류분반환청구의 의사 표시를 명시적으로 한 이후 협의를 진행하면 된다.

엄마의 선물

아빠가 돌아가신 뒤
나는 엄마의 유일한 친구였다.

딸 셋, 아들 셋 중에 장녀,
엄마의 친구이자 동생들의 보호자,
그게 나였다.

나는 일을 하시는 엄마가
집에서만큼은 쉴 수 있기를 바랐다.
그래서 엄마의 일이라면
무엇이든 도와주고 싶었다.
쉿, 우리 저기 가서 놀자.
응, 쉿!

학교에서 돌아오면 동생들이 먹을 밥을 하고,
밤에는 목욕을 시키고, 때로는 동생들끼리의
다툼을 중재하기도 했다.
얘들아, 밥 먹자!
목욕하자,
누나가 씻겨줄게.
언니가 동생들이랑 싸우지 말랬지!

그렇게 나는 우리집 기둥이 되어
엄마를 도와야겠다는 생각으로
평생을 살아왔다.

누나, 나 친구랑 싸웠는데 친구가 다쳤어.
뭐? 누나랑 얼른 가보자!
언니, 선생님이 부모님 모시고 오래….
너, 무슨 잘못을 했길래….
동생들도 나를 언니, 누나이자
엄마처럼 여겼다.

동생들은 어른이 된 후에도
나를 엄마처럼 대했다.

무슨 성형외과를 내가 같이 가니?!
언니 언니~ 나 병원 가는데 같이 좀 가줘.
아~ 언니, 나 무섭단 말이야!!
알겠어!

누나, 여자친구가 임신을….
뭐?
야, 조심했어야지!
엄마는 아셔?

언니, 나 그 사람이랑 못 살겠어.
…
이서방, 정말 이럴 거야?

그렇게 다섯 동생의
삶을 함께 살았다.

네가 고생이 많다….

하지만 나는 엄마보다는
내가 고생하는 것이 낫다고 생각했다.

남편도 내 상황을 잘 이해해 주었다.
내가 동생들의 일로 힘들어할 때면,
이렇게 말하고는 했다.

그래도 동생들이 여보를
잘 따르잖아.

나는 그게 부러운데?

여보가 그렇게 말해주니까
힘이 난다~!

ㅎㅎ그럼 곰쏘 한 잔?

으이그~
그래!

까톡

까톡

동생3

동생3
언니, 애들이랑
언니 집으로 밥 먹으러 갈게~

ㅎㅎ

…

갑시다, 여보.
저제 온다잖아~

그리고 엄마는…
한평생 쉬지도 못하고 우리를 키우며 고생만
하다가 결국 뇌졸중으로 쓰러지고 말았다.

언니, 어떡해?
누나, 엄마는 어디로 모시지?
병원에 계속 입원하셔야 하는 거 아니야?

얘들아, 그만!
우리 상의를 해야지, 이렇게 나한테만 물어보면 어떡해?
나한테 물어봐도, 나도 어떻게 해야 하는지 모른다고!

누나, 너무 예민한 거 아니야? 지금 힘들지 않은 사람이 있어?
맞아, 왜 그래….
누나가 모르면 누가 알아!

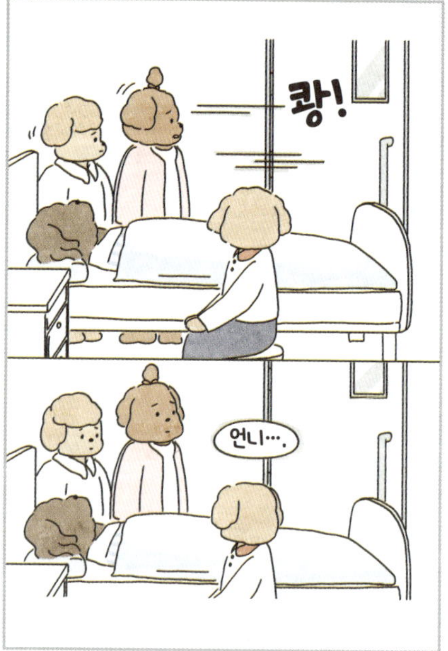

쾅!
언니….

그렇게 가족들의 배려로
나는 엄마를 모셔왔다.

엄마는 더 이상 일어나지 못했다.

나는 엄마 곁을
한시도 떠날 수 없었다.

그러던 어느 날
평소처럼 엄마의 잠자리를
준비하던 중이었다.

엄마는 아버지가 남겨주셨던
작은 건물을 내게 주셨다.

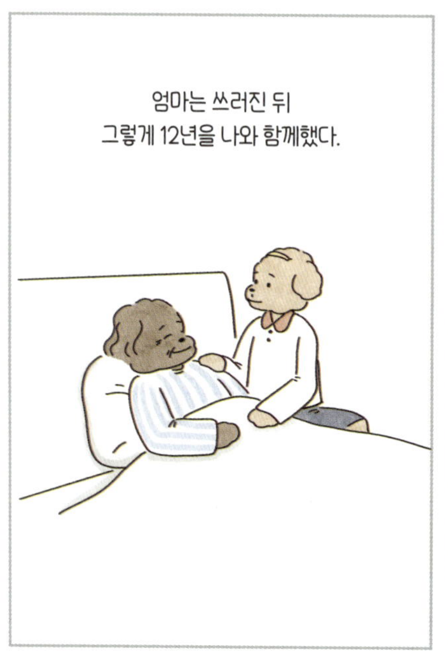

엄마는 쓰러진 뒤
그렇게 12년을 나와 함께했다.

그리고… 엄마가 돌아가셨다.

나는 엄마가 쓰던 안방에서
한없이 울었다.

불쌍하게 고생만 하다 돌아가신
우리 엄마가 너무나 그리웠다.

까톡 까톡
가족6
동생1
우리 상의할 게 많은 것 같은데…
언제 모이자.
3
3
ㅇㅇ그래.
후….

그리고 동생들이 집으로 찾아왔다.
쑥덕쑥덕
쑥덕쑥덕
와서 앉아.
어, 누나.
아빠가 엄마 앞으로 주셨던 건물,
그거 어떻게 할까?

공평하게 해야지.
그런데 누나가
고생했으니까 조금 더 주자.
응, 맞지.
그래, 그래.

엄마가 그 건물 나한테 증여했어.

그리고 동생들에게 소장을 받았다.

엄마의 증여는
무효라는 주장이었다.

변호사님,
전… 동생들이 달라고 하면
줄 생각이였어요.

그런데 무효라니요?
저… 우리 엄마 욕창 한 번 안 생기게
돌봐드렸어요. 내 가족 하나 못 돌보면서
살았는데, 소송이라니요.

속상하시겠어요….
그때 증여를 진행하신 법무사님과
연락이 가능할까요?
네….

우리는 당시 증여를 진행했던 법무사의
녹취와 영상을 찾았다.
녹취록

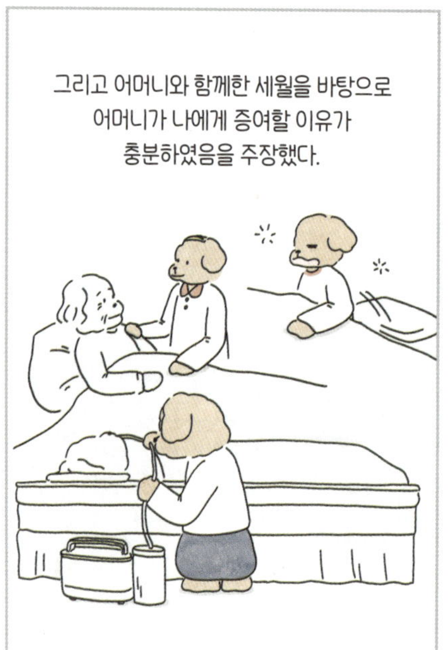

그리고 어머니와 함께한 세월을 바탕으로
어머니가 나에게 증여할 이유가
충분하였음을 주장했다.

재판장님, 어머니가 증여를
할 당시 영상도 제출하겠습니다.

소송은 생각보다 싱겁게 끝났다.
탕
탕
탕

증여는 유효하다.

그리고 얼마 후…
띵동~
띵동~

나는 또 다시 소장을 받았다.
유류분반환
청구 소송

동생들은 증여가 유효하니,
유류분을 달라며 소송을 다시 건
것이었다.

부들
부들
가족6
얘들아, 너네 진짜 왜 그러는 거야?
넷째 동생
언니, 우리는 이해가 안 돼.
둘째 동생
누나, 엄마가 정말 증여한 게 맞아?
난 아직도 안 믿겨.
누나가 강요한 것 아냐?

유류분반환청구권은
상속이 개시되고
유류분 침해 사실을 알게 된 날로부터
1년 내에 행사할 수 있는 소송이다.

동생들은 유류분 침해를
알게 된 날이 증여 무효 판결이 난
날이라고 주장했다.

우리는 법리적으로 맞지 않는 이야기라며
강하게 반박했다.

그리고 판결이 나왔다.
탕
탕
탕
원고들의 청구를 기각한다.

잘 해결되서 다행이에요.
해냈어요…!
감사해요, 변호사님!
우리는 유류분으로 인해 동생들에게
줄 것이 없게 되었다.

에필로그

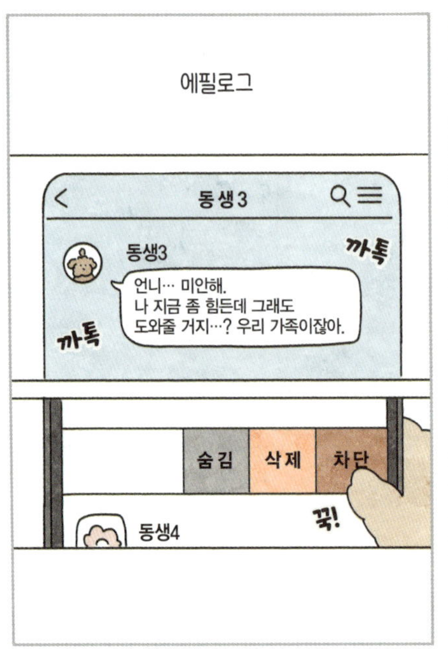

늘 희생하고,
참아야 하는 사람은 없습니다.

326

소송으로 돌아온 10년의 간병과 돌봄

소장을 가지고 온 그녀의 눈빛은 단호했다. 그녀가 받은 소장은 10년을 넘게 와상 상태의 어머니를 모신 대가로 받은 작은 건물의 증여가 무효라는 동생들의 소장이었다.

"변호사님, 전 져도 상관없어요. 엄마가 주신 집 못 지켜도 관계없어요. 함께 갖게 되면 경매로 날릴 거니까, 편하게 소송하세요."

평생을 큰딸로 희생해온 삶의 결과가 소장이란 사실에 조용하지만 강한 분노가 느껴졌다. 그녀의 삶을 듣고 나니, 그녀가 느낀 분노가 충분히 이해되었다.

그녀는 어머니가 쓰러진 후 10년이 넘는 세월 동안 안방을 어머니께 내드리고 살았다. 밤마다 어머니가 가래로 위험해지지 않을까 걱정되어 안방 바닥에서 잠을 청해야 했다. 형편이 넉넉하지 않았기에 남편과 아이들은 작은 방에서 함께 지낼 수밖에 없었다.

동생들은 어머니를 보러 온다는 명목하에 수시로 그녀의 집을 찾아왔다. 동생들은 그녀가 차린 밥을 먹고 어머니께 얼굴을 비추고는 자기들 집으로 돌아가는 것이 전부였다. 동생들이 수시로 드나드는 것이 불편하지 않았던 것은 아니었다. 하지만 누워만 계시는 어머니가 자녀들을 보는 것만큼 건강에 좋은 일이 없을 것이란 생각으로 묵묵히 그녀의 역할을 다했다.

남편과 아이들은 그 상황에 대하여 단 한 번도 불편한 기색을 보이지 않았다. 그러했기에 어머니를 편히 모셨다고 한다. 그리고 어머니는 돌아가시는 날까지 욕창 한번 생기지 않았다.

그렇게 그녀는 평생을 어머니의 딸 동생들의 언니로만 살았을 뿐 그녀의 삶에서 아내로, 엄마로는 살지 못했다. 그런 그녀에게 소장은 자신이 평생을 살아온 삶을 부정당하는 일이었다. 그래서 내게 "편하게 소송하세요."라고 말할 수 있었던 것이다. 그리고 그녀는 자신의 말처럼 내게 소송을 의뢰하고는 동생들이 없는 자기 삶에 집중했다. 나 또한 변호사로서 소송을 하는 내내 마음이 평온했다. 그녀의 절제된 깊은 화에 공감했기에 당당히 소송을 진행할 수 있었다. 아무리 가족이라 하더라도 세상에는 평생을 참아야 하는, 무한대로 희생해야 하는 사람은 없다.

피상속인이 특정 상속인에게 재산을 미리 증여하거나 유언장으로 유증을 했을 때, 상속재산을 분할받기를 원하는 대부분 상속인들이 가장 먼저 이런 말을 한다.

"나한테 유류분 권리가 있어. 아버지가 준 재산은 내가 다 가져올 수 있다고!"

물론 상속인에게 상속권과 함께 현재 남은 상속재산이 없다고 하더라도 유류분이란 권리로 인하여 상속재산의 일부를 반환받을 수 있다. 하지만 증여받거나 유증 받은 재산 전부가 유류분반환의 대상이 되지는 않는다.

심지어 유류분반환청구권은 방법이 정해져 있을 뿐만 아니라, 유류분반환 순서 또한 정해져 있기 때문에 피상속인이 증여 혹은 유증한 재산 전부를 반환받는 것은 아니다.

상속재산분할심판청구 소송에서도 말한 바와 같이 증여받은 재산이나 유증 받은 재산이 전부 상속재산분할에 고려되는 재산이 아닌 것처럼 증여받은 재산이나 유증 받은 재산이 모두가 유류분반환의 대상이 되지 않는다.

유류분반환의 대상이 되는 재산은 증여받은 재산과 유증 받은 재산 중 특별수익에 해당하는 재산만이다. 즉 증여나 유증을 받을 사정이 있었다거나 특별수익에 해당하는 재산이다. 특별수익에 대해서는 앞의 상속재산분할심판에서도 이야기한 바 있다(182p).

✔ 유류분반환 방법 ★개정 민법 반영

유류분반환 방법은 2026년 개정 민법에 따라 변경된 부분이라 주의가 필요하다. 즉 유류분반환 방법은 피상속인의 상속 개시가 2026년 개정 민법 전인지, 후인지에 따라 달라진다.

개정 민법 전에 상속이 개시된 경우는 종전 민법에 따라 유류분반환 방법은 **원물반환**이 원칙이다. 원물반환이란, 유류분반환 대상이 된 특별수익이 부동산이라면 그 부동산으로 반환하여야 하고, 돈이라면 돈으로 반환해야 한다는 것이다.

하지만 2026년 개정 민법 이후 상속이 개시되었다면, 2026년 개정 민법에 따라 유류분 부족액의 반환 방법은 **가액반환**이 원칙이다. 원물반환의 원칙에 따라 공유된 상속인들이 또 다시 분쟁하는 것을 막고 상속과 관련된 문제를 일의적으로 해결하겠다는 것이다.

✅ 유류분반환 순서

유류분반환은 반환의 순서가 정해져 있다. 그래서 증여받은 재산과 유증 받은 재산이 있다면, 유증 받은 재산을 먼저 반환하고도 유류분으로 반환할 유류분 부족액이 남는 경우에 한하여 증여받은 재산을 반환하게 되어 있다.

> **【민법】**
>
> 제1116조 (반환의 순서)
> 증여에 대하여는 유증을 반환받은 후가 아니면 이것을 청구할 수 없다.

그래서 증여받은 상속인과 유증 받은 상속인이 다를 때 유류분반환청구권자는 유증 받은 재산으로 유류분 부족액을 모두 반환받을 수 있다면, 유증 받은 상속인만을 대상으로 유류분반환청구의 소를 진행해야 하는 것이지 증여받은 상속인에게도 소를 제기해서는 안 된다.

그래서 유류분반환청구권자는 증여받은 상속인과 유증 받은 상속인이 다를 때 대략적인 유류분 부족액을 고려해 본 후, 유류분반환청구의 대상이 될 상속인을 정확히 확정할 필요가 있다.

✅ 유증과 증여재산이 혼재된 경우의 유류분반환 방법

> **【사례】**
>
> 피상속인 A가 사망했고, 상속인은 배우자 B와 자녀 C, D가 있다.
> A는 생전 C의 사업자금으로 8억 원의 돈을 지원한 적이 있고, 남은 재산인 6억 원 상당의 아파트는 D에게 유증했다.
> 이때, 배우자인 B는 C와 D에게 유류분반환청구 소송을 할 수 있는 것인지 알아보자.

**유류분 부족액 = {유류분 산정의 기초재산액 × 당해 유류분권자의
유류분의 비율} − 당해 유류분권자의 특별수익액
− 당해 유류분권자의 순상속분액**

① 유류분 산정의 기초 재산액 14억 원 = B의 증여재산 8억 원 + C의 유증재산 6억 원 (상속재산 및 상속채무 없음)

② 유류분액

　배우자 B : 14억 원 × 3/14 = 3억 원

배우자 B는 3억 원의 유류분액이 존재하고 피상속인으로부터 증여받은 재산도, 상속받은 재산도 없으므로 3억 원의 유류분반환청구가 가능하다. 다만, 자녀 C는 증여로 재산을 분할받았고, 자녀 D는 유증으로 재산을 분할받았기 때문에 자녀 D의 재산에서 먼저 유류분을 반환받아야 한다.

그래서 최종적으로 배우자 B는 3억 원의 재산을, 자녀 C는 8억 원의 재산을, 자녀 D는 3억 원의 재산을 분할받게 된다. 자녀 D의 입장에서는 유증으로 받은 재산을 다시 배우자 B에게 반환하게 됨에 따라 자녀 C에 비하여 분할받은 재산이 작아지는 결과가 나오지만, 이는 유류분반환 순서에 따른 결과일 뿐이다.

엄마의 유언장

나는 둘째 언니와
어릴 때부터 사이가 좋지 않았다.

내 옷 왜 입어!
엄마가 같이 입으라고 했잖아!
입지 마!

둘째 언니와 싸울 때면
늘 큰언니가 말리곤 했다.
너네 또 싸우니?

연년생이었던 나와 둘째 언니는
같은 학교를 다녔지만 단 한 번도
같이 등교한 적이 없었고
학교 다녀오겠습니다.
엄마, 넥타이 어딨지?

학교에서 우연히 마주쳐도
아는 척하지 않았다.

성인이 되어서도 우리는
여전히 사이가 좋지 않았다.
너희는 아직도 그러니?
엄마가 정말 걱정이다, 걱정!
투닥
투닥

그러던 어느 날 엄마가 쓰러지셨다.
우리는 누가 병간호를 할지 정해야 했다.
엄마가 이제
움직이지를 못하니….

엄마의 깔끔한 성격을 누구보다 잘 알았던
나와 둘째 언니가 병간호를 맡았고,
직장을 다니는 자매들은 병원비를 내기로 했다.
병간호는 내가 할게.
나도 시간 돼. 셋째랑 같이 모실게.
그러면 나랑 막내는 병원비를 낼게.
미안해, 같이 못 도와서….

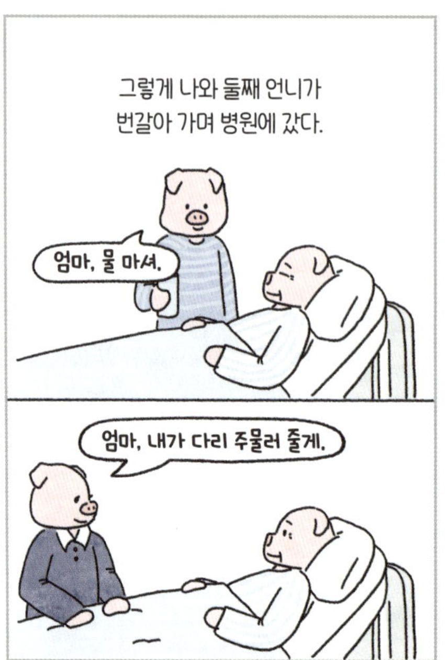

그렇게 나와 둘째 언니가
번갈아 가며 병원에 갔다.
엄마, 물 마셔.
엄마, 내가 다리 주물러 줄게.

둘째 언니와 나는 서로 마주치지 않으려고
홀수날과 짝수날로 나눠서 간호를 했고,
11 NOV
S M T W T F S
1
2 3 4 5 6 7 8
9 10 11 12 13 14 15
16 17 18 19 20 21 22
23 24 25 26 27 28 29
서로 일이 있을 때면
큰언니를 통해 날짜를 조정했다.
둘째 동생
언니, 나 내일 일이 생겨서 셋째한테
내일 하루 더 해달라고 전해줘.
알겠다. 전달할게.

그렇게, 여전히 사이가
좋지 않았던 우리는
최대한 마주치지 않으려고 했다.
…
…

그러던 어느 날
내가 교통사고를 당했다.
언니, 나 교통사고가 나서….
괜찮아?
둘째한테 말해 줄게….

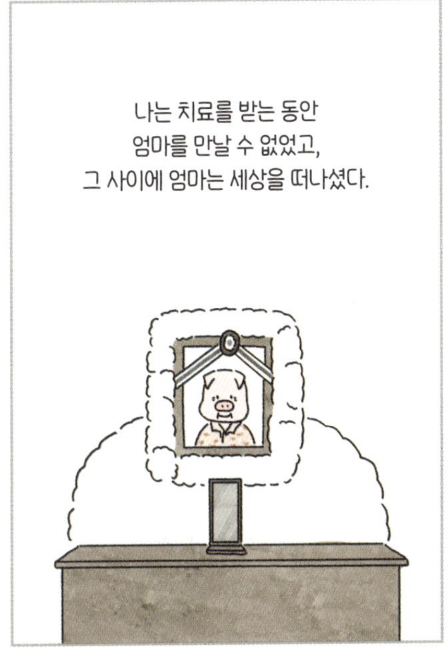

나는 치료를 받는 동안
엄마를 만날 수 없었고,
그 사이에 엄마는 세상을 떠나셨다.

엄마의 장례식이 끝난 후
유언검인기일 통지서를 받은 나는
변호사님을 찾아갔다.

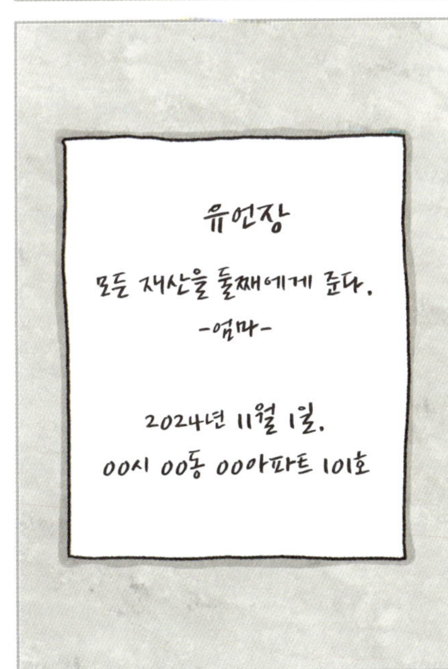

*자필 증서에 의한 유언 : 유언자가 그 전문과 연월일,
주소, 성명을 직접 쓰고(自書) 날인(捺印)해야 한다.

335

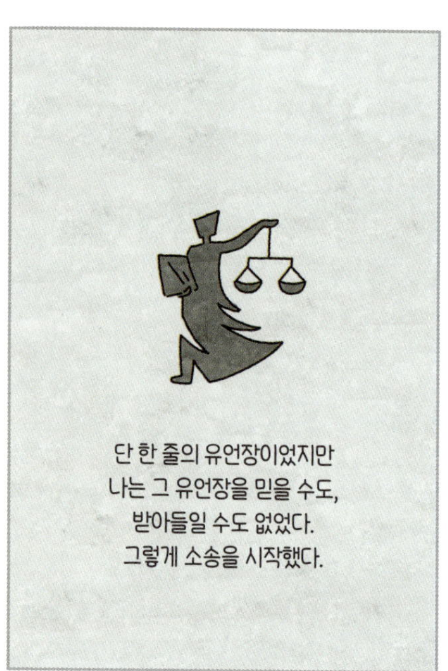
단 한 줄의 유언장이었지만
나는 그 유언장을 믿을 수도,
받아들일 수도 없었다.
그렇게 소송을 시작했다.

둘째 언니는 유언장의 글씨가
어머니가 쓴 것이 맞다는 사실을 입증하려
필적 감정을 신청했다.

필적 감정 결과,
유언장의 글씨는 어머니의 글씨가 맞았다.

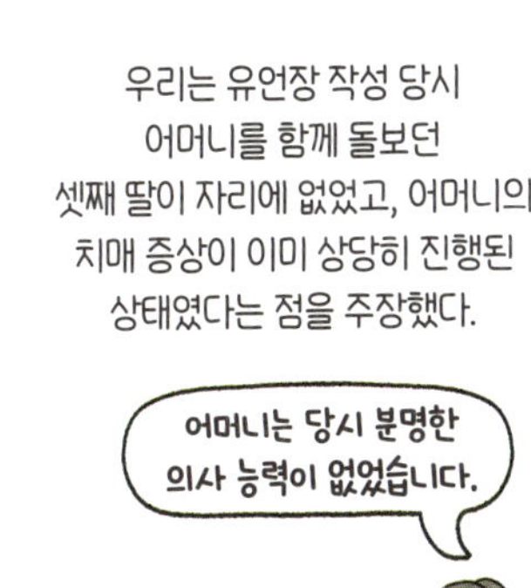

우리는 유언장 작성 당시
어머니를 함께 돌보던
셋째 딸이 자리에 없었고, 어머니의
치매 증상이 이미 상당히 진행된
상태였다는 점을 주장했다.

어머니는 당시 분명한
의사 능력이 없었습니다.

끄덕

끄덕

하지만 유언장이 작성된 날
병원 기록에 어머니의 의사 능력에 관한 내용이
남아 있지 않아서 입증이 쉽지 않았다.

어머니 글씨가 맞고,
자필 유언장의 요건도 틀리지 않았다.
따라서 유언의 효력은 인정된다.

우리는 어머니가 유언장을 작성하던 당시
의사 능력이 없었음을 끝내 입증하지 못했다.
결국 둘째 언니는 어머니의 유언 내용에 따라
부동산을 넘겨 받게 되었다.

변호사님,
제가 엄마랑 같이 있었는데
엄마 상태를 몰랐을 리가 없잖아요.

우리… 힘내서
유류분반환청구 소송이라도 해봐요.

유류분 소송이 시작되자
둘째 언니는 악의적인
소문을 퍼트리기 시작했다.

셋째가 얼마나 못됐으면 그래….
수굴
수굴
수굴
그러게, 엄마를 막 때렸대.
둘째 언니는
엄마가 자신에게 모든 재산을 준 이유가
나의 불효 때문이라는 소문을 퍼트렸다.

셋째가 엄마에게 못되게 굴어서 그래요!
소송에서도 동일한 주장을 했다.

나는 몸도 마음도 너무 지쳐
모든 것을 포기하고 싶었다.
변호사님, 저 다 포기하고 싶어요….
소송 그만할래요.

따르르릉
따르르릉
포기하더라도, 우리가 준비했던 자료라도 내봐요.
지금 포기하면 모든 것을 인정하는 거잖아요.
모든 것을 포기한 나를,
변호사님은 포기하지 않았다.

어머니를 간병하며 썼던
수첩을 증거로 제출했다.
그 안에는 내가 얼마나 정성껏
어머니를 돌보았는지가
고스란히 담겨 있었다.
엄마,
빨리 나아요….

어머니가 무엇을 드셨는지, 대소변을 하셨는지 등
세세히 기록하며 정성껏 돌봤습니다.
그런데 교통사고로 2주간 자리를 비운 사이
유언장이 작성되었습니다.
이 억울한 상황에서 유류분까지 주지 않으려는
피고측 태도는 매우 악의적입니다.

그렇게 유류분을 받을 수 있었다.
둘째는 셋째에게 유류분을 줘야 한다.

가족 사이에서 권리를 말한다는 것

변호사로서 가장 마음이 아플 때는 소송을 하면서 나의 의뢰인이 시들어갈 때이다. 상속 소송은 없었던 재산이 생기는 것일 뿐 아무 일이 아니라고 의뢰인의 마음을 달래보아도, 상속 소송은 재산만의 문제로 진행되는 것이 아니기에 내 말이 그들의 귓가에 닿지 않을 때가 많다.

그녀도 그랬다. 결혼 후 아이를 갖지 못했던 그녀는 병원에 계신 엄마를 자신의 아이처럼 돌보았고, 엄마의 건강 상태를 누구보다 잘 알고 있었다. 그래서 그녀는 단 두 줄의 삐뚤거리는 글씨의 유언장이 엄마의 의사라고 볼 수 없음을 확신하고 있었다.

그런데도 법원은 유언장의 요식성이 명확하다는 이유 하나만으로 유언장의 효력을 인정해 주었고, 자신의 확신이 무너진 그녀는 법원의 결과를 쉽게 받아들이지 못했다. 심지어 그녀가 유류분반환청구 소송을 진행하는 동안 작은 동네에서 악의적인 소문이 퍼졌고, 그 소문에 더욱 괴로워했다.

나와 전화하는 그녀의 목소리는 항상 불안했고, 떨렸다. 진실이 가려진 판결에 대한 억울함과 소송 내내 퍼진 악의적 소문에 지쳐 제대로 일어나지 못했다. 유류분반환청구권은 그녀가 가진 상속인으로서 최소한의 권리였으나, 그 권리를 지키기 위한 과정은 쉽지 않았다.

그녀뿐만이 아니다. 유류분반환청구 소송을 제기했다가 승소가 확정적인 상황에서 소송을 취하하는 경우가 한두 번이 아니다. 최근에도 아버지의 재산을 유증 받은 남동생을 상대로 유류분반환청구 소송을 제기하였다가 소송을 취하한 바 있다. 소송을 제기하였다는 이유로 다른 형제들로부터 비난을 받고, 어머니가 죽겠다고 협박을 하여 더는 소송을 진행하기 어렵다는 것이었다.

"소송을 더는 못하겠어요."

모든 것을 포기한 듯한 그들의 전화를 받을 때면 권리를 지키라고 강하게 말할 수가 없다. 이미 너무 많이 지쳐버린 그들에게 더 낼 힘이 없다는 것을 잘 알기 때문이다.

하지만 유류분반환청구권은 상속인으로서 지켜져야 할 엄연한 권리로, 그 권리 행사가 비난받거나 비판받을 일은 아니다. 그런데도 가족이란 이름으로 유류분반환청구 소송을 한 이를 포기시키려고 '불효, 욕심쟁이'라는 프레임을 씌우곤 한다.

하지만 그들이 유류분반환청구 소송까지 하게 된 주된 원인은 돈 때문이 아닐 때가 많다. 그들은 병원을 가고 심부름을 한 것은 자신들인데 부모님의 재산은 아픈 손가락인 형제 혹은 유독 예쁨 받는 형제일 때가 많기에, 이를 부당하다고 여겨 상속인으로서의 최소한의 권리를 행사한 것이다.

유류분반환청구권이 입법된 이유는 남아선호사상이 강하였던 시절 피상속인이 장남에게 재산을 모두 몰아주면서, 피상속인의 배우자인 아내와 딸들의 생존권마저 위협되는 시기에 그들의 권리를 보호하여 주기 위함이었다. 그러니 상속인으로서 가진 최소한의 권리 행사가 자신들의 뜻과 다르다고 해서 비난하며 그들의 권리 행사를 막지 말기를 바란다.

다만 유류분반환청구 소송에서 가장 주의할 점은 종이 한 장의 판결문만 받아서는 안 된다는 것이다. 즉 유류분반환청구 소송에 승소했다고 하더라도, 유류분반환의무자 즉 피고가 반환할 재산을 모두 빼돌려서 반환할 능력이 없다면, 빛 좋은 개살구와 같은 판결이 되는 것이다.

그래서 유류분반환청구 소송을 진행할 때는 피고가 실제로 반환할 재산이 있는지, 그 재산을 온전히 분할받기 위해서 어떤 조치를 취해야 하는지가 중요하다. 이에 유류분반환청구 소송을 할 때 필요한 선제 조치에 대해 알아보자.

유류분반환청구 소송을 할 때 보전처분을 할 필요가 있다. **보전처분**은 소송 결과에 따른 강제집행의 실효성을 확보하기 위해 소송 전에 법원이 명하는 임시처분이라고 보면 된다. 보전처분은 가압류와 가처분으로 나눌 수 있는데, 두 가지 보전처분을 쉽게 분류하자면 유류분 권리자가 '돈을 청구할 때는 가압류'이고, '증여받은 재산 혹은 유증 받은 재산 자체를 분할받고자 하면 가처분'이라고 생각하면 쉽다.

다만 법원은 가압류와 가처분 같은 보전처분의 경우 원고가 청구하는 소송의 결과가 나오기 전에 하는 사전적인 처분이기 때문에 가압류와 가처분 결정을 받기 위해서는 '공탁금' 지급을 명한다. 이때 공탁금은 보증보험으로 갈음하기도 하나, 현금 공탁을 그대로 하는 경우도 있다.

✓ 유류분에서의 가압류

유류분반환청구 소송을 하는데 가압류 결정을 받는 경우는 유류분반환청구 소송에서 금전 지급을 청구할 때이다. 이때 가압류의 장점은 피상속인으로부터 증여 혹은 유증 받은 재산뿐만 아니라 유류분반환의무자의 고유 재산에도 가압류를 할 수 있다는 점이다.

특히 피상속인으로부터 증여 혹은 유증 받은 재산이 이미 제삼자로 소유권이 이전되었다거나, 근저당권이 이미 많이 설정되어 있어 재산의 가치가 현저히 떨어져 있다면, 유류분반환청구권자는 금전으로 유류분반환을 청구한 이후 유류분반환의무자의 고유 재산에 가압류 결정을 받는 편이 낫다.

　다만 피상속인으로부터 증여 혹은 유증 받은 재산이 아닌 유류분반환의무자의 고유재산에 가압류를 신청할 때는 가처분에 비하여 공탁금이 다소 높을 수 있다.

✔ 유류분에서의 가처분

　유류분에서 가처분은 부동산에 대한 처분금지가처분 결정을 받는 것이다. 즉 유류분반환청구 소송에 따라 반환받을 부동산을 제삼자에게 매매하지 못하도록 할 뿐만 아니라 근저당권을 설정하면서 돈을 빌리는 행위도 막을 수가 있다.

　유류분반환청구 소송에 따라 반환받을 부동산을 원물 그대로 반환받기 위한 절차라고 보면 된다. 다만 유류분반환청구 소송에서 가처분의 물권은 유류분반환의무자의 고유 부동산에 할 수 없고, 유증 받은 재산과 증여받은 재산에 한정한다.

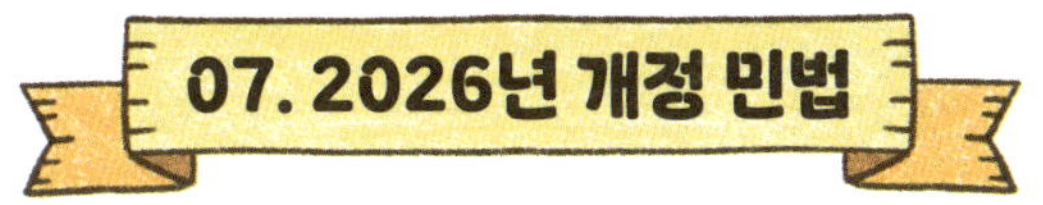

07. 2026년 개정 민법

엄마의 이혼

엄마가 의지하고 싶은 사람이 생겼어….
축하해 줄 거지?

가정폭력으로 이혼했던 엄마는
우리가 대학에 간 뒤에야
남자친구를 만났다.

당연하지!
난 좋아, 정말 좋아!

엄마는 아빠와 이혼한 뒤
홀로 오빠와 나를 키우셨다.

숫기도 없고 늘 조용한 엄마는
우리를 위해 보험 설계사가 되어
밤낮을 가리지 않고 열심히 일했다.

그런 엄마에게 남자친구가 생겼다니.
정말 기뻤다.
엄마가 이제는 행복하기만을 바랐다.

키도 크고 외모도 준수한
아저씨가 좋았다.
아저씨가 엄마를 평생
행복하게 해 주기를 바랐다.

얼마 뒤 엄마는 재혼을 했다.

그런데 방학이 되어 오랜만에 집에 갔더니
엄마가 혼자 울고 계셨다.
엄마, 나 왔어!
딸….
왜 울고 있어?
무슨 일이야!

엄마의 두 번째 결혼은
행복하지 않았다.

아저씨에게는 수많은 여자가 있었고,
일도 하지 않았다.
심지어 아저씨는 엄마의 돈으로 골프를 치고
사업을 한다면서 돈을 가져가기 바빴다.

엄마, 차라리 이혼해.
엄마는 두 번 이혼하고 싶지 않아.
엄마는 괜찮아….

엄마는 또 이혼하고 싶지 않다며
아버지와 8년이 넘는 세월을 함께했다.
그러던 어느 날이었다.
여보세요? 엄마, 건강검진 결과 나왔어?
우리 회사 정말 좋지?
엄마 건강검진도 해주고, 그치?
엄마?
왜 아무 말이 없어?
왜, 무슨 일 있어?

엄마가….
엄마는 위암 3기라고 하셨다.

수술 날짜를 정하고
수술 당일이 되었지만,
엄마, 잘 하고 와….

결국 아저씨는 그날 나타나지 않았다.
여보세요? 아저씨, 아무리 그래도
엄마 수술날인데 와 봐야 하는 거 아니에요?
내가 안 가는 거냐?
너희 엄마가
날 싫어하니까….

아저씨!

다행히 엄마는 수술을
무사히 마쳤다.

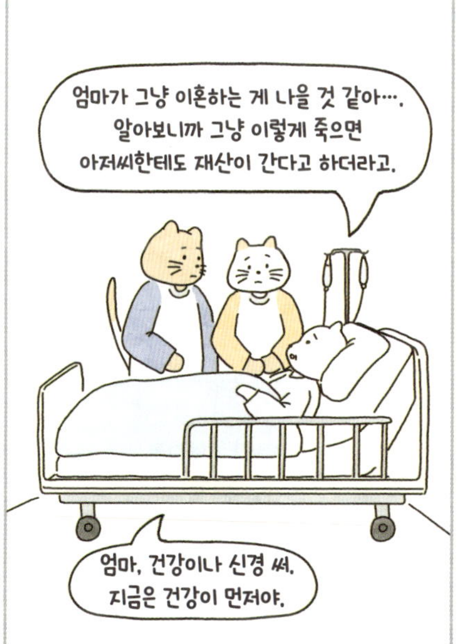

엄마가 그냥 이혼하는 게 나을 것 같아….
알아보니까 그냥 이렇게 죽으면
아저씨한테도 재산이 간다고 하더라고.
엄마, 건강이나 신경 써.
지금은 건강이 먼저야.

엄마는 퇴원하자마자
이혼 전문 변호사를 찾았다.
이혼전문변호사 김토끼
제가 이혼하고 싶어서요. 이혼하자고
했더니 재산을 절반 달라고 하네요.
지금까지 해준 게 얼만데….

349

그렇게 엄마는 아저씨와
이혼 소송을 시작했다.

아저씨는 이혼 소송 중 자신이 더 피해자라며,
이혼에 대한 반소와 위자료 청구까지 요구했다.
내가 더 피해자라고!
이혼하고 싶으면 재산 절반 내 놔!

조정위원석
원고석
피고석
엄마는 수차례의 변론기일과
조정기일로 점점 지쳐 갔다.

갈수록 나빠지는 엄마의 건강 상태가
걱정되어 아저씨에게 전화를 걸었다.
여보세요?
아저씨, 저예요. 엄마 건강이
정말 안 좋아서 그래요.

그래서 어떻게 하라고?
내 변호사한테 이야기해.
아저씨는 엄마의 건강 상태에
아랑곳하지 않았다.

결국 엄마는
이혼 소송 중에 돌아가셨다.

그런데 엄마를 신경도 안 쓰던 아저씨가
장례식장에 찾아왔다.
크흠.
여기 대체 무슨 일로 온 거예요?
주섬
주섬
그래도 내가
남편인데, 와야지.

아저씨는 아무 일도 없었다는 듯이
엄마의 장례식장을 꿋꿋이 지켰다.

엄마의 마지막 가는 길에
큰소리가 나는 것이 싫어서
그 모습을 지켜볼 수밖에 없었다.
하….

며칠 후 엄마의
이혼 변호사님께 연락이 왔다.
따르릉
따르릉
피고 측에서 어머니 사망진단서를
내면서 소송을 종료해 달라고 하네요.
네?

이혼 소송은 일신전속적인 권리,
즉 엄마만이 행사할 수 있는
권리였기 때문에 엄마가 사망하면서
소송은 종료될 수밖에 없었다.
소송 종료를 선언한다.
땅
땅
땅

한 달 후, 엄마의 사망신고를 하러
행정복지센터에 갔다.
어머니가 돌아가셔서요.
사망신고 하러 왔어요.
전입, 출생, 사망
이미 사망신고가 되어 있는데요?

고인의 남편분께서 사망신고를 하셨어요.
네? 뭐라고요?

아저씨, 엄마 사망신고 했어요?
그래, 내가 남편인데, 왜 못하니?
너희 엄마 재산도 나눠야 하는데, 그 얘기는 언제 할 거야?

재산을 나눠요?
무슨 자격으로요?!
엄마가 저희한테 다 남기셨어요. 절대 못 줘요!

과거
엄마가 유언공증을 해놨어.
아무래도 빨리 이혼이 안 되면 문제가 생길 것 같아서….

엄마는 이혼 소송 중 혹시나
생길 일들을 대비해 우리에게
모든 재산을 유증하는 내용의
유언공증을 해놓으셨다.

그로부터 두 달 후
소장이 도착했다.

대한민국 법원
유류분반환청구의 소
특별송달

그제야 엄마가 아픈 몸으로도
유언공증을 남기려 했던 이유를 알았다.
그리고 그제야
아저씨가 장례식장에 왔던 이유도 알았다.

자기도 상속인이라고
재산을 받으려고 하는구나….

*우리나라
상속법에 따라
배우자는
상속인으로서
자격이 있다.

나는 채 변호사님을 찾아갔다.

변호사님, 어떻게 이혼하려던
남편에게 상속인의 자격이 있나요?

*우리나라 상속법에 따라 배우자는 상속인으로서
 자격이 있다.

우리는 엄마의 재혼 후 삶을 자세히 밝히면서,
엄마가 아저씨에게 지원했던 경제적 부분을
입증하기 위해 노력했다.

엄마의 전화에서는
엄마와 아저씨가 돈 문제로
다투는 녹음을 찾아냈다.

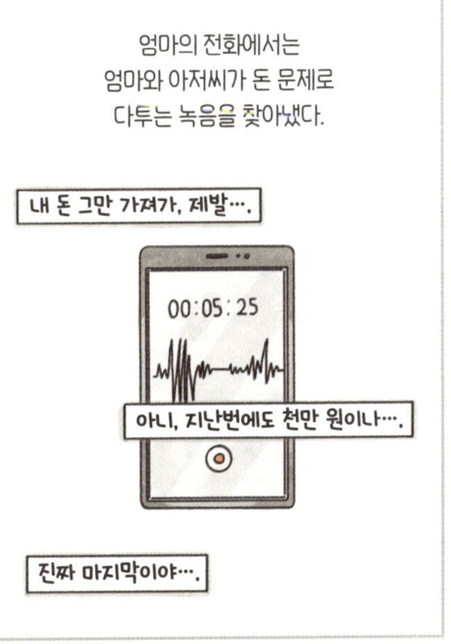

그리고 엄마의 메모를 근거로
아저씨가 쓴 돈의 내역도
자세히 밝혀냈다.

빌려간 돈

00년 0월 0일 오십만원.
00년 0월 4일 십만원.
00년 0월 6일 이십만원.
...

망인은 재혼 후 배우자의 외도 문제로
지속적인 고통을 겪었습니다.

그 과정에서 배우자는
생활비를 준 적도 없습니다.
오히려 경제적 지원을 받았을 뿐입니다.

재판장님, 배우자로서 그 정도
생활비 지원은 증여라 볼 수 없습니다.

재판부는 우리의 이야기를 들어주었다.

남편이 아내에게 가져간
돈은 모두 특별수익이다.
배우자의 유류분청구를 기각한다.

유류분반환청구권, 상속인의 권리입니다.
하지만 상속인의 의무를 다하지
아니한 자의 권리행사는 막아야 합니다.

도리를 다하지 않은 나쁜 상속인들

2026년 1월 1일, 일명 구하라법 상속권 상실 규정이 입법되었을 때, 상속재산과 관련된 실질적 공정성이 조금이라도 실현되는 것만 같아서 고무적인 일이라고 느꼈다. 하지만 상속권 상실 규정의 범위가 제한적이라는 점에서 아쉬움도 있었다. 그 제한적 범위가 아쉬웠던 가장 큰 이유는 배우자의 상속권 상실 규정이 없다는 점이었다.

배우자가 자신의 도리를 다하지 않고, 상속재산만 요구하는 경우는 왕왕 발생한다. 심지어 이미 혼인관계는 파탄에 이르러 몇십 년을 서로 얼굴도 보지 않으며 살아온 형식적인 부부도 있다. 오랜 기간 별거 상태를 유지하면서 다른 사람과 새로운 가정을 꾸려 혼외자까지 낳은 경우도 심심치 않게 본다. 그런데도 상속법에서는 피상속인이 사망할 때 법적으로 혼인관계를 유지하고 있다면, 배우자로서 자녀보다 더 많은 법정상속분을 가지게 된다.

사실 배우자뿐만이 아니다. 부모님에게 돈을 달라면서 칼로 위협하는 자녀, 술만 마시면 횡포를 부려 부모님을 공포에 떨게 하는 자녀들도 분명 존재한다. 그래서 피상속인은 유언장을 작성하면서, 자녀들의 만행을 폭로하고, 내 곁을 지킨 자녀에게 재산을 유증하는 이유를 밝히기도 한다.

그런데도 상속법은 일률적으로 법정상속분을 규정하고 있고, 유류분반환청구권이란 권리를 규정하고 있다는 점에서 상속인 입장에서는 예외 규정이 극히 없는 상속법이 부당하다고 느낄 수밖에 없다.

이 사건처럼 남편의 폭력과 외도 등으로 이혼을 결심하고 이혼 소송을 제기하였으나 이혼 소송 중 사망하게 되면, 이혼 소송이 종료되기 때문에 남편은 엄연히 상속인으로 남게 된다. 이혼 소송을 하며 상대를 헐뜯었던 남편이 아내의 사망으로 인해 상속인으로서 재산을 분할할 자격이 생기는 것이다. 즉 이혼 소송은 부부간 재산을 공동 재산으로 보고 서로의 재산을 적정하게 분할하지만, 일방의 사망으로 이혼 소송이 종료되면 오직 사망한 배우자의 재산만을 상속재산으로 분할해가는 불합리함이 발생한다.

그런데도 유류분반환청구권은 상속인 전원에게 유류분을 청구할 수 있는 권리가 동일하게 주어지다 보니, 위와 같은 불합리한 상황을 막을 방법이 거의 없었다. 이에 헌법재판소는 2024년 4월 25일 유류분반환청구권에 대한 일부 규정을 위헌 판결하였고, 일부 규정에 대하여 헌법불합치 결정을 내렸다. 그러면 2026년부터 달라지는 유류분반환청구권에 대하여 알아보자.

2024년 4월 25일, 헌법재판소는 유류분과 관련된 규정에 대하여 헌법불합치 결정을 내린 바 있다. 헌법재판소는 유류분 제도가 현재에도 여전히 유족들의 생존권 보호 등 여러 측면에서 필요하다는 이유로 헌법적 정당성은 계속 인정하면서도, 일부 조항에 대하여 위헌을 선언하고 입법 개선을 촉구한 것이다.

그러면 2026년 개정 민법에 따라 유류분과 관련되어 변경된 규정을 알아보자.

✅ 상속권 상실 규정의 확대

2026년 1월 1일 시행된 상속권 상실 규정은 피상속인이 자녀인 경우에 한하여 상속인이 직계존속으로, 피상속인이 미성년자일 때 부양하지 않았다면 상속권을 상실하게 되어 있었다. 즉 상실 규정의 범위가 극히 제한적이었다.

2026년 개정 민법에서는 상실 규정의 범위가 변경되었는데, 피상속인에 대한 부양 의무를 중대하게 위반하거나 중대한 범죄 행위 및 그밖에 심히 부당한 대우를 한 경우에는 직계존속, 직계비속 및 배우자 등 모든 상속인이 상속권 상실 선고의 대상이 될 수 있도록 변경하였다.

✅ 유류분반환청구 소송에서 민법 제1008조 규정 준용 (기여분 주장 가능)

기존에는 유류분반환청구 소송에서는 민법 제1008조에 따른 기여분을 주장할 수 없었다. 기여분 청구 소송은 상속재산분할심판에서만 할 수 있도록 규정되어 있었다. 이런 부분 때문에 증여나 유증을 받은 상속인이, 그것이 피상속인을 특별히 부양하거나 피상속인의 재산 유지 또는 증가에 특별히 기여한 대가라고 해도, 유류분반환청구 소송에서는 이를 주장할 수 없는 불합리함이 있었다.

이런 문제를 보완하기 위해 개정 민법에서는 유류분반환청구 소송에서 민법 제1008조를 준용할 수 있도록 했다. 그래서 피상속인을 특별히 부양하거나 피상속인의 재산 유지 또는 증가에 특별히 기여한 데 대한 보상으로 이루어진 증여·유증은 특별수익으로 보지 않게 되었다.

✅ 유류분반환 방법의 변경

개정 민법은 유류분이 부족한 경우 그 반환 방법을 '가액반환'으로 정했다. 따라서 2026년 개정 민법 시행 이후 상속이 시작되었다면, 유류분 부족액을 돌려줄 때 원칙적으로 재산 자체를 나누는 방식이 아니라 그에 해당하는 금액을 반환하게 된다.

이처럼 가액반환을 원칙으로 정한 것은 원물반환 원칙에 따라 상속인들이 재산을 다시 공유하게 되면, 또 다른 분쟁이 생길 수 있기 때문이다. 개정 민법은 이런 추가 분쟁을 막고, 상속과 관련된 문제를 한 번에 명확하게 해결하려는 취지를 담고 있다.

가족의 아픔을 마주하며

처음 출판 제의를 받았을 때, 그저 신기하기만 했다. 나 같은 사람도 책을 낼 수 있다니⋯⋯. 그 당시 벅찬 감정이 아직도 생생하다. 그리고 신나는 마음에 출판 계약서에 도장을 쾅 찍고 나서는 문득 두려움이 밀려왔다.

인스타 웹툰은 내가 소송을 통해 경험한 가족 이야기를 기반으로 픽션이 가미된 이야기들이다. 난 웹툰의 스토리 작가이기 이전에 변호사이고, 변호사는 의뢰인을 보호하여야 하기에 누군가의 이야기를 사실 그대로 들려줄 수는 없다. 그래서 웹툰을 기반으로 한 이 책이 조금 편협된 시각으로 전달될 수도 있을 것이고, 그로 인해 누군가가 상처를 받을 수도 있지 않을까 하는 걱정이 들었다.

그리고 내가 과연 다른 사람의 가족과 관련된 이야기를 조언할 자격이 있을까, 과연 나의 이야기가 그들에게 위로가 될까, 아니면 오히려 상처가 될까 수도 없이 고민이 되었다.

사실 나 또한 하루에도 서너 가족의 이야기를 듣고 조언하면서도, 막상 내 가족의 어려움은 제대로 해결하지 못하고 있다. 나 역시 가족의 말 한마디에 아프기도 하고, 가족의 말 한마디에 힘을 내기도 한다. 그만큼 가족의 문제는 해결하기 어려운 난제다.

그런 내가 이 책을 내기로 결심한 것은, 나만 가족으로 어려운 것이 아님을 꼭 말해주고 싶어서다. 난 인스타그램, 틱톡 등 SNS에서 보이는 삶처럼 아름답기만 한 가족은 없다고 확신한다.

이 책을 읽은 독자들이 어떤 감정을 느꼈을지 많이 궁금하다. 지금 이 순간에도 내 글이 혹시나 위로가 아닌 상처를 주었을까 걱정도 된다.

내 간절한 바람은 여러분이 이 책을 읽으면서 "우리 가족만 그런 것이 아니구나! 나만 힘든 것이 아니구나!" 하는 생각으로 마음이 조금 가벼워졌으면 한다. 그리고 가족 간에 힘든 이 상황에서도 당신의 삶이 잘못된 것이 아님을, 당신은 소중한 사람임은 잊지 않았으면 좋겠다.

마지막으로 나의 가족들 이야기를 들어준 독자들께 고마움을 전한다.

상처받지 않는 상속

1판 1쇄 인쇄 2026년 4월 2일
1판 1쇄 발행 2026년 4월 9일

지은이 채애리
그림 김윤지
발행인 김형준

총괄 김아롬
편집 김봄
디자인 design ko
기획관리 허양기
온라인홍보 김민지
마케팅 장비단

발행처 체인지업북스
출판등록 2021년 1월 5일 제2021-000003호
주소 서울특별시 금천구 가산디지털2로 143, 514호
전화 02-6956-8977
팩스 02-6499-8977
이메일 change-up20@naver.com
블로그 blog.naver.com/changeupbooks

© 채애리, 2026

ISBN 979-11-91378-92-4 (13320)

체인지업북스는 내 삶을 변화시키는 책을 펴냅니다.